Ann Castro

Die Vogelschule

Clickertraining für Papageien, Sittiche und andere Vögel

Leserstimmen

„Dieses Buch heißt „Die Vogelschule – Clickertraining mit Papageien, Sittichen und anderen Vögeln" und es hält genau, was es verspricht."

„Das Buch ist leicht und verständlich geschrieben, man bekommt richtig Lust, sofort anzufangen und die Autorin macht dem Leser ständig Mut, so dass man sich sogar über kleine Erfolgsschritte riesig freut."
I.S.

„Ich habe das Buch seit zwei Wochen und die beiden Nymphies, die jetzt seit drei Monaten bei uns leben, folgen dem Stick schon gut und kommen zuverlässig auf die Hand. Meine Frau spricht schon scherzhaft von Hexerei. Vorher war an die beiden fast kein rankommen, da sie so ängstlich waren. Also wir findens klasse. Und Bambam und Paule auch."
T.B.

„Ich wäre froh gewesen, wenn es dieses Buch vor über 12 Jahren schon gegeben hätte."
F.C.

„Habe das Buch gelesen und bin begeistert. Meine Vögel zeigen schon erste Erfolge. Das Buch kann man jedem weiterempfehlen."
M.H.

„Für Vogelliebhaber, die einen anderen positiven Umgang mit ihren Hausgenossen suchen, ist dieses Buch mit übersichtlich und leicht vollziehbar beschriebenen Schritten genau das Richtige."

„Alles in allem ein Muss für jeden Vogelliebhaber."
N.N.

„Dieses Buch ist die Rettung für gefrustete Papageien. Mit den dort sehr einfach erklärten und leicht nachzumachenden Trainingsmethoden ist jeder Papagei und auch andere Vogelarten natürlich, sinnvoll zu beschäftigen. Das an den Menschen gewöhnen wird einfacher und jeder Vogelbesitzer sollte dieses Buch gelesen haben. Auch die Haltungstipps sind Gold wert."
K.K.

„Insgesamt ist das Buch für alle Interessierten ein Muss."
N.N.

„Gut verständlich wird hier zum einen erklärt, wie man Vögel mit Hilfe des Clickers trainieren und auch beschäftigen kann; wie man ihnen mit viel Spaß sowohl kleine Kunststückchen beibringen als auch Übungen angehen kann, die das alltägliche Zusammenleben erleichtern – bis hin zum Zähmen."
C.H.S.

„Was das Buch besonders wertvoll macht: Nicht allein die reine „Trainingsmethodik" steht im Vordergrund. Es geht immer auch um die Persönlichkeit der Tiere, das gegenseitige Vertrauen, das Achten darauf, wie es den Tieren geht und was sie uns sagen – und um den kompletten Verzicht auf Aversivmaßnahmen, die die Tiere einschüchtern oder unter Druck setzen."

C.H.S.

„Das Buch ist echt super und gehört zu jedem Papageienhaushalt. Es ist verständlich und sehr hilfreich. Was mir besonders gut gefallen hat war die Einführung in die Verhaltensweisen von Papageien. Das Buch ist echt empfehlenswert."

R.Z.A.

„Sowohl für Anfänger als auch sogenannte alte Hasen in der Papageien und Sittichhaltung beinhaltet das Buch interessante und wissenswerte Informationen, wie mit einem Vogel umgegangen werden kann – zum Vorteil von Mensch und Tier."

„Wenn jeder Halter dieses Buch zu Hilfe nehmen würde, so wären wesentlich weniger Problem- und Abgabevögel unterwegs und sowohl Mensch wie Vogel wesentlich glücklicher und entspannter im täglichen Umgang miteinander."

S.F.

„Sehr schön beschriebenes Buch über die sanfte Trainingsmethode des Clickerns. Die Übungen sind gut beschrieben und auch bebildert. Auf jeden Fall absolut zu empfehlen. ;)"

N.N.

„Ich habe das Buch gleich nach der Lieferung gelesen. Es ist sehr verständlich geschrieben, gibt nachvollziehbare Tipps, endlich ein Buch, dass auch Papageienhalter anspricht. Aus allen Worten spricht ein Wissen und eine Kenntnis, die auf Erfahrung und Liebe zu den Tieren beruht und ohne strengen Zeigefinger vermittelt wird. Es fällt mir wesentlich leichter die Verhaltensweisen meines Papageies einzuschätzen und ihn zu verstehen und mit noch mehr Freude mit ihm umzugehen."

B.B.

„Hier wird dem Vogelbesitzer endlich eine Hilfe zur Hand gegeben, wie er sich mit seinen Vögeln gut vertragen kann und den Vögeln helfen, in der unnatürlichen und teilweise feindlichen Welt unserer (Wohn-) Zimmer zurecht zu kommen. Zahlreiche Ängste und Sorgen des Vogelliebhabers finden Anerkennung und die beschriebene Ausbildung von Vogel und Halter ist sicher gut geeignet, beiden zu helfen.

Ich werde dieses Training mit meinen Vögeln ausprobieren!"

A.W.

„Dieses Buch hat meine Erwartungen um vieles getoppt. Es ist eine tolle Hilfe: einfach erklärt und mit prima Beispielen versehen. Es ist einfach und es funktioniert."

B.H.

„Wer seine Vögel gewaltfrei und human erziehen will, erfährt hier wie er dies im Detail anstellen kann und bekommt im Laufe der Lektüre unvorstellbare Lust, mit den eigenen Vögeln sofort loszulegen. Kurz: überaus hilfreich, schön und gut zu lesen!!!"

C.B.

Ann Castro

Die Vogelschule

Clickertraining für Papageien, Sittiche und andere Vögel

Mit 116 Farbaufnahmen. Bilder von Carola Bettinger (S. 71), Antje Bittner (S. 12, 145), Katja Borgelt (S. 43, 68), Sonja Buchmann (S. 44, 52, 56, 74), Ann Castro (S. 12, 42, 96, 124, 151), Alexander Dießner (S. 133, 141), Thomas Drescher (S. 39), Karin Hirst (S. 108), Frank Kroner/Nicola Penski (S. 26, 41, 59) und Maike Schumann (S. 24, 29, 48, 61, 63), alle anderen von David Jayne. In einigen Fällen haben wir uns dazu entschlossen auch Fotos abzubilden, die qualitativ nicht perfekt sind, dafür aber einen bestimmten Punkt besonders gut illustrieren.

Die Deutsche Bibliothek verzeichnet diese Publikation in der Deutschen Nationalbibliografie; detaillierte bibliografische Daten sind im Internet über http://dnb.ddb.de abrufbar.

Castro, Ann M.:
Die Vogelschule: Clickertraining für Papageien, Sittiche und andere Vögel / Ann M. Castro. 5. Auflage – Hattersheim: AdlA Papageienhilfe gGmbH, 2010
www.annsworld.de

Layout und Bildbearbeitung: Ann M. Castro
Layout Umschlag: Jennifer Woodall/Ann M. Castro
Titelbild von Thomas Drescher
Lektorat: ftext.de
Druckerei: Saarländische Druckerei & Verlag GmbH

Printed in Germany
ISBN 978-3-939770-01-5

Für Nikita

Unsere Stars

In diesem Buch sind größtenteils Papageien und Sittiche der AdlA Papageienhilfe gGmbH abgebildet.

Manchen sieht man ihre Schäden an, anderen nicht. Wir haben uns bewusst dazu entschlossen auch solche Tiere zu zeigen, die nicht perfekt aussehen. Sie sind stellvertretend für die vielen Papageien und Sittiche, die weiterhin aufgrund nicht artgerechter Haltung und anderer körperlicher und seelischer Misshandlungen ein trauriges Dasein fristen.

Unser Respekt gebührt diesen Tieren, die trotz ihrer Vergangenheit den Mut finden wieder zu vertrauen, Neues dazu zu lernen und selber zu Lehrern für uns Menschen, aber auch für Neuankömmlinge im Schwarm, zu werden.

Danksagung

Von ganzem Herzen möchte ich meinem guten Freunden Lena, Thilo, Ralf und Christine danken, die immer für mich da sind, egal wie verrückt das Leben gerade mal wieder ist.

Ich danke meiner Mutter, die mich die Liebe zu den Tieren gelehrt hat und meinem Vater, der mir die Welt von Psyche und Verhalten geöffnet hat.

Ich danke all den Menschen, den Tierärzten, Züchtern, Verhaltenstherapeuten, Händlern und Besitzern, die mich an ihrem Wissen teilhaben ließen und geduldig meine Fragen beantworteten.

Mein Dank gilt auch den Betreibern, Usern und Moderatoren der Vogelforen, die mir die Möglichkeit gaben, das Clickertraining für Papageien und Sittiche in Deutschland einzuführen und einer größeren Anzahl von Vogelhaltern näher zu bringen. Ganz besonders hervorheben möchte ich Carola Bettinger, Susanne Dießner, Sven Friesicke, Hans Gerwert, Dagmar Heidebluth, Nicole Klingenberg, Daniela Pannier, Doris Raymond, Iris Schindler und Anke Weiss-Janoske.

Mein besonderer Dank gilt dem Fotographen David Jayne, der die Aufnahmen zu diesem Buch spendete, Arne Feddersen von ftext, der einen großen Teil des Lektorats spendete, sowie Claus Großmann, Klaus Gross und Sonja Herzog der Druckerei von Oertzen, die mich bei der Umsetzung dieses Projektes tatkräftig und mit ihrer ganzen Erfahrung unterstützten.

Zu guter Letzt möchte ich mich auch ganz besonders herzlich bei meinen Leserinnen und Lesern bedanken, welche dieses Buches zu solch einem überwältigenden Erfolg gemacht haben.

Inhalt

Mit Hilfe des Clickertrainings kann insbesondere auch die Lebensqualität von behinderten Tieren stark verbessert werden.

Auch ein ganzer Schwarm artgerecht gehaltener Papageien kann mit Hilfe des Clickertrainings gezähmt und beschäftigt werden.

1. Vorwort

Als Kind hatte ich einen Wellensittich. Diesen zu zähmen gelang mir nie.

Die Instruktion, die Hand in den Käfig zu stecken und zu warten, bis der Vogel von selbst drauf hüpfte, überforderte meine kindliche Geduld um Einiges. So fand ich den Wellensittich bald langweilig und er ging in den Besitz meiner Mutter über.

Meine ältere Schwester war in ihren Zähmungsversuchen ähnlich glücklos wie ich. Auch sie gab ihren Wellensittich unserer Mutter. Da mein Vogel ein Weibchen und der meiner Schwester ein Männchen war und sie nun zusammen saßen, geschah bald, was wohl geschehen musste. So wurde meine Mutter erst zur unfreiwilligen, dann zur freiwilligen Züchterin. Aber eines war bei ihr anders als bei den anderen Züchtern. Ihr wurden die jungen Wellensittiche geradezu aus der Hand gerissen, während andere mühsam Abnehmer für ihre Jungen finden mussten. Was war das Geheimnis ihres Erfolges?

Meine Mutter beschäftigte sich vom Schlupf an mit den kleinen Wesen, so dass sie bei der Abgabe bereits superzahm waren. Das war das Besondere ihrer Wellensittiche. Und jeder wollte so einen zahmen Vogel haben.

Der Reiz, einen zahmen Vogel zu haben ist bis heute geblieben. Leider sind auch unsere Methoden dieses Ziel zu erreichen größtenteils die gleichen wie vor dreißig Jahren und genauso erfolglos. Die Tipps, die man in punkto Papageienerziehung bekommt, sind im besten Fall nutzlos, im schlimmsten Fall sind sie völlig kontraproduktiv. Es wird zum Beispiel empfohlen, lauter zu schreien als der Papagei, ihn abzudunkeln, mit der Blumenspritze zu be-

23

Wie alle Papageien riecht Tina köstlich unter ihrem Flügel.

schießen oder gar auf den Schnabel zu schlagen. Das soll einen Vogel dazu bringen, mir als seinem Halter zu vertrauen? Ich finde diese Methoden respekt- und lieblos dem Tier gegenüber, schlimmstenfalls sogar tierschutzrelevant.

Als ich nach Jahren der ausbildungs- und berufsbedingten Papageienabstinenz meinen ersten Papagei kaufte, las ich jedes Buch über Papageien, das ich bekommen konnte und war frustriert. Die beschriebenen Methoden fühlten sich einfach nicht „richtig" an. Bis ich in einem amerikanischen Buch einen Hinweis auf das Clickertraining fand, eine Methode, die aus-

schließlich über die positive Verstärkung von erwünschtem Verhalten arbeitet. Das kannte ich aus der Management-Literatur und fand es klasse. Doch leider hatte ich mich zu früh gefreut. Es gab kein Buch über Clickertraining mit Vögeln. Weder in Amerika noch in Deutschland.

Also suchte ich einen Clickertrainer für Hunde und überredete ihn dazu, mit mir und meinen Papageien zu üben. Das Ergebnis war wenig befriedigend. Clickern konnte er – aber nur mit Hunden. Das große Problem war, dass Hunde Jagdtiere, Papageien aber Beutetiere sind. Dies resultiert in völlig unterschiedlichen

Verhaltensweisen, die bedeuten, dass man das Training anders aufbauen muss.

Zu dem Zeitpunkt fing ich an, mich auf verschiedenen amerikanischen Mailinglisten für Papageien einzuschreiben, auf denen auch etliche professionelle Trainer ihre Trainingssituationen miteinander besprachen. So lernte ich Trainer von Vögeln für Flugshows und in Tierparks kennen, die alle ausnahmslos mit positiver Verstärkung arbeiteten.

Und auf einmal öffnete sich eine ganz neue Welt für mich. Nichts schien unmöglich. Das Tier war nicht böse oder schwierig, es war mein Partner, mit dem es galt zu kommunizieren. Allein diese Einstellung bewirkt einen gigantischen Unterschied im Training. Ein Trainer, der so denkt, versucht nicht, bei Trainingsmisserfolgen durch Intensivierung der gleichen Methode zum Ergebnis zu kommen. Er wird nicht ärgerlich und immer gereizter, was die ganze Situation nur verschlimmert und den Lernerfolg zusätzlich behindert.

Ein solcher Trainer macht eine Pause und denkt nach, warum das Tier ihn nicht versteht. Und dann überlegt er, was er machen kann, um dem Tier zu helfen, seinen Lernerfolg zu verwirklichen. Wir wollen es dem Tier leicht machen Erfolg zu haben, denn es ist unser Partner, nicht unser Feind. Kommt man durch die Vorder-

tür im Training mit dem Tier nicht weiter, versucht man es eben durch die Hintertür. Stets freundlich und gelassen dem Tier gegenüber und das gewünschte Verhalten verstärkend. Was für eine Erkenntnis!

Nachdem ich dies gelernt hatte, war der Knoten geplatzt. Auf einmal war alles so einfach. Einer meiner Papageien musste zum Tierarzt? Kein Problem. Schnell den Clicker geschnappt und „in-die-Transportbox-gehen" eingeübt. Ein Abgabetier weigerte sich seinen ach-so-gesunden Brokkoli zu fressen? Kein Problem. Auch das war zügig eingeübt.

Es machte so viel Spaß.

Morgens beim Schminken hatte ich zwei Graupapageien neben mir, mit denen ich zwischen Lidschatten und Mascara kurz ein bisschen „Händeschütteln" oder „High Five" übte. Abends vor dem Fernseher wurde schnell noch mit einem Ara (mittlerweile hatte mein Schwarm sich um einige Abgabetiere vergrößert) Apportieren geübt und die Agaporniden lernten auf dem Esstisch Fußball spielen. Natürlich konnte ich unsere Trainingserfolge und den Spaß, den wir dabei hatten nicht für mich behalten. So gab ich im größten deutschen Ziervogelforum immer wieder Tipps an Halter, die Schwierigkeiten mit ihren Tieren hatten, bis der Besitzer des Forums mir ein eigenes Clickerforum einrichtete.

Es bedarf viel Vertrauen, bis Ihr Vogel sich rücklings ohne sich festzuhalten in Ihre Hand legt, so wie Jack hier.

Während der letzten Jahre ist dieses Forum ständig gewachsen. Neben der reinen Forentätigkeit beriet ich Papageienhalter auch privat per E-Mail, per Telefon oder auch von Angesicht zu Angesicht. Zusammen haben wir mit vielen Vögeln sehr viel erreicht. Ganz oben auf der Trainingswunschliste sind Zähmung, Grunderziehung und Pflegemaßnahmen, aber auch ganz einfach Beschäftigung für diese intelligenten Lebewesen, die sich in der Gefangenschaft langweilen. Weitere wichtige Themen sind das Abgewöhnen von unerwünschten Verhaltensweisen, z.B. Beißen und Schreien und das Angewöhnen von erwünschten Verhalten, z.B. Brokkoli

zu essen, oder zu anderen Vögeln, Tieren und Menschen freundlich zu sein. Auch die Verpaarung eines jahrelang einzeln gehaltenen Tieres kann durch entsprechendes Clickertraining gefördert werden. Es gibt keine Grenzen wozu Clickertraining zum Wohle des Tieres nicht eingesetzt werden kann. Dabei ging es nicht immer um Papageien und Sittiche. Nein, wir hatten auch Hühner und sogar einmal eine Krähe, die ein Naturtalent im Erkennen von Farben war, in unserer Gruppe.

Die Nachfrage nach Hilfe ist ungebremst. Damit die wunderbare Methode des Clickertrainings für Vögel auch für Menschen zur Verfügung steht, die keinen Zugang zum Internet haben, oder die lieber mit einem festen Text in der Hand arbeiten, habe ich dieses Einführungsbuch über das Clickertraining mit Vögeln geschrieben.

Hector beschäftigt sich mit dem „Hütchen Spiel" -
gelernt durch Clickertraining.

Pflegemaßnahmen, wie Krallen schleifen, sind mit Clickertraining leicht zu bewältigen.

Jacks Oberschnabel wurde von den Eltern abgebissen und wächst nicht mehr nach. Der Unterschnabel muß regelmäßig gekürzt werden, damit er Jack beim Fressen nicht behindert und sich keine Kieferfehlstellung bildet. Das Schnabelschleifen ist für Jack schmerzlos und er lässt es, durch Clickertraining erlernt, problemlos durchführen. Scarlett, seine Partnerin, schaut dabei zu.

2.

Einleitung

Es gibt mittlerweile unzählige Bücher über das Trainieren von Hunden, aber kein einziges im deutschen Sprachraum über das Trainieren von Papageien, Sittichen und anderen Vögeln.

Dabei sind Papageienvögel, zu denen Sittiche, Loris und andere Fruchtfresser, kurzschwänzige Papageien und Aras gehören, in Deutschland sehr beliebte Haustiere, die oft mehr schlecht als recht in das Leben der Familie eingegliedert werden. Allzu oft gibt es Schwierigkeiten mit der Zähmung. Notwendige Pflegemaßnahmen wie Käfig reinigen, Krallen schneiden oder Tierarztbesuche können meist nur mit erheblichem Stress für Tier und Halter durchgeführt werden. Dazu kommen eine Vielzahl von Problemen, wie Schreien, Beißen und Rupfen, die das Zusammenleben und die Lebensqualität von Papagei und Mensch beeinträchtigen.

All dies kann man mit einem gelungenen Trainingsansatz leicht in den Griff bekommen. Alles was man benötigt, sind die richtige Methode, Konsequenz und ein wenig Geduld.

Ist Training gleich Training?

Es gibt etliche Bücher über Hundetraining. Warum also wird ein extra Buch über Papageientraining benötigt? Hunde sind Jagdtiere, Papageien hingegen Beutetiere. Aus diesem Grund haben Hunde und Papageien grundsätzlich unterschiedliche Verhaltensweisen. Während Sie bei Hunden beim Training den Jagdtrieb nutzen können, würde die gleiche Methode beim Papagei nicht zum Erfolg führen. Als Beispiel stellen Sie sich die einfache „Komm"-Übung vor, bei der das Tier einen sicheren Rückruf erlernen soll. Bei

Das Clickertraining hilft Mensch und Tier besser miteinander zu kommunizieren.

einem Hund kann man sich zügig vom Tier entfernen, der Hund wird hinterher rennen und in dem Moment, in dem er bei uns ankommt, wird dieses Verhalten verstärkt. Wenn Sie hingegen von einem Papagei wegrennen, wird er Sie vielleicht dumm anschauen. Vielleicht wird er sich auch über seinen verrückten Besitzer wundern. Aber hinterher fliegen, weil er Sie jagt, wird er sicherlich nicht. Beim Papagei muss man also mit anderen Methoden an die Übungen herangehen als bei einem Hund. Wie wollen Sie den allseits beliebten Leinenzupf bei einem Papagei anwenden? Zusätzlich können Hunde nicht fliegen. Die zusätzliche Dimension der Höhe ergibt eine weitere Herausforderung an den Papageientrainer.

Wieso Clickertraining?

Clickertraining beruht darauf, das Tier dabei zu erwischen, wenn es etwas richtig macht und dies gezielt zu verstärken. Die Vorteile des Clickertrainings sind vielfältig:

- es ist human
- es geht schnell

Das Clickertraining macht Lehrer und Schülern gleichermaßen Spaß.

- es ist einfach
- man muss nicht wissen, wo ein Verhaltensproblem herkam, um es zu lösen
- die Tiere lieben es
- und es funktioniert.

Das Schöne dabei ist, dass das Tier immer respekt- und liebevoll behandelt wird. Es macht mit uns keine negativen Erfahrungen. Deshalb wird die Beziehung zum Tier immer besser und sein Vertrauen in uns wird erhöht. Zusätzlich gibt das Clickertraining dem Tier ein gewisses Maß an Kontrolle über seine Umwelt. Es lernt, dass es in der Lage ist zu kommunizieren und Veränderungen in seiner Umwelt aktiv mitzugestalten. Wenn es einen Leckerbissen haben möchte, weiß es, dass es etwas tun kann, um seinen Besitzer dazu zu bringen ihm einen Leckerbissen zu geben. Das stärkt sein Selbstvertrauen, was schlussendlich auch wieder sein Verhalten positiv beeinflussen kann. Denn viele Fehlverhalten basieren nicht zuletzt auch auf Angst. Aber abgesehen von der Theorie ist das Beste daran, dass es einfach richtig gut funktioniert und Vogel und Halter Spaß macht. Habe ich Sie überzeugt? Na, dann kann es ja (fast) losgehen.

**Auch die Einnahme von Medikamenten kann mit Clickertraining eingeübt werden.
Pablo nuckelt bereitwillig aus der Spritze, während Jack versucht sich heranzustehlen, um
ebenfalls etwas abzubekommen.**

3. Bevor wir anfangen

Bitte beachten Sie, dass Clickertraining nicht Haltungsfehler oder gar Krankheiten kompensieren kann oder soll!

Ändert ein Papagei abrupt sein Verhalten, dann sollte dies zunächst ein Warnhinweis an seinen Halter sein. Bitte tun Sie Ihrem Tier und sich einen Gefallen und gehen Sie bei plötzlichen Verhaltensänderungen umgehend zu einem papageienkundigen Tierarzt. Ist ein Papagei in der Wildnis offensichtlich krank oder verletzt, wird er von Raubtieren als leichte Beute erkannt. Da sie somit Raubtiere anziehen, die dem ganzen Schwarm gefährlich werden könnten, kann es passieren, dass offensichtlich kranke oder verletzte Tiere aus dem Schwarm ausgeschlossen werden.

Dies ist jedoch für das betroffene Tier ein sicheres Todesurteil. Deshalb verber-

---

ANMERKUNG

Eine traurige Geschichte ist die einer Amazone, die obgleich jahrelang lieb und verschmust, plötzlich anfing zu beißen.

Ein hinzugezogener Verhaltenstrainer stellte schnell fest, dass das Tier sich einen Flügel gebrochen hatte und unter großen Schmerzen litt. Ihre Familie hatte dies leider nicht bemerkt. Nach ihrer Genesung kehrte die Amazone schnell zu ihrer bisherigen Liebenswürdigkeit zurück.

Krank oder gesund?
Regelmäßige Untersuchungen durch einen papageienkundigen Tierarzt müssen sein.

Es ist sehr wichtig, dass Sie mit Ihrem Papagei zu einem wirklich papageienerfahrenen Tierarzt gehen, da gerade bei Papageien, viele Symptome sehr unspezifisch sind, so dass für ein Symptom mehrere Krankheiten in Betracht kommen können. Auch sind die Symptome oft so subtil, dass sie nur mit einiger Übung erkannt werden können. Hinzu kommt, dass einiges an Erfahrung nötig ist einen unwilligen Papagei zu halten und zu untersuchen.

gen Papageien als Beutetiere ihre Krankheiten und Verletzungen, so lange es ihnen möglich ist. Ist Ihr Papagei erst einmal so krank, dass deutliche Krankheitssymptome erkennbar sind, ist es oft zu spät.

Deshalb ist es empfehlenswert eine Ankaufsuntersuchung durchzuführen, um sicherzugehen, dass Sie ein gesundes Tier erworben haben. Dies gibt Ihnen auch eine Vergleichsmöglichkeit im Krankheitsfall. Zusätzlich sollten jährliche generelle Untersuchungen von einem auf Papageienvögel spezialisierten Tierarzt durchgeführt werden.

Haltung

Die Faktoren, die erheblich zur Gesundheit und zum Wohlbefinden Ihres Papageis beitragen, kann man aus den natürlichen Lebensräumen der Tiere, meist feuchttropische Gebiete, und deren Lebensweisen ableiten.

Glücklich nur mit Partner

Papageien sind Schwarmtiere. Außerdem pflegen die meisten Arten eine Paarbindung und verbringen ihr ganzes Leben mit einem Partner. Der Mensch ist nicht in der

Lage, einem Papagei seinen Partner zu ersetzen. Außerdem ist es unwahrscheinlich, dass Sie die nächsten dreißig bis sechzig Jahre in der Lage sein werden, vierundzwanzig Stunden am Tag, sieben Tage die Woche mit Ihrem Papagei zu verbringen.

Da Papageien Beutetiere sind, haben Partner und Schwarm neben der sozialen auch eine Sicherheitsfunktion. Ein einzelner Papagei in der freien Wildbahn ist wortwörtlich Freiwild für Raubtiere. Er befindet sich somit in einer lebensbedrohlichen Situation, wenn er alleine ist. Dies gilt auch für den Papagei als Heimtier. Allein gelassen zu werden, während Sie zur Arbeit, einkaufen, oder ins Kino gehen, ist enorm stressig für ihn. Dass dies allzu oft Verhaltensprobleme zur Folge hat, ist verständlich. So sind z.B. Kontaktrufe nach dem Schwarm, die sich mit der Zeit zum Dauerschreien entwickeln, in der Papageienhaltung keine Seltenheit. Wenn Sie Ihr Tier (und Ihr Trommelfell) wirklich lieben, werden Sie ihm also einen Partner schenken.

Leider wird noch immer viel zu oft behauptet, dass Papageien nicht zahm werden oder bleiben, wenn sie nicht allei-

Hector und Lily

Auch wenn als Haustiere gehaltene Papageien fest verpaart sind, freuen sie sich doch über menschliche Aufmerksamkeit und Streicheleinheiten, so wie Nicolas Bande hier beim Clickertraining.

ne gehalten werden oder nicht sprechen lernen, worauf manche Halter wert legen. Dies stimmt einfach nicht. Wenn man sich mit den Tieren so intensiv beschäftigt, wie man es mit einem Einzeltier tun würde, werden sie mindestens genauso zahm.

Während ich diese Zeilen schreibe, leben achtzehn Papageien im Schwarm bei mir. Nicht alle waren zahm, als ich sie bekam und etliche hatten mehr oder minder ausgeprägte Verhaltensstörungen. Letztere haben sich in allen Fällen seit ihrer Einglie-derung in den Schwarm erheblich gebessert, insbesondere das Beißen und Schreien. Und was die Zahmheit betrifft, müssten Sie mich einfach mal besuchen kommen. Die meisten meiner Papageien sind fast schon lästig zahm. Auch hier gilt wohl: „Konkurrenz belebt das Geschäft", da sie alle um meine Aufmerksamkeit buhlen müssen. Hinzukommt, dass Neuankömmlinge ungemein schnell von den alteingesessenen Vögeln lernen, wie schön es ist geschmust und gestreichelt zu werden und sich Leckerlis zustecken zu lassen.

Auch lernen sie von einander zu sprechen und überraschen mich immer wieder mit neuen Sprüchen, die sich dann in Windeseile im Schwarm ausbreiten. Meine geliebte Gelbbrust-Ara-Henne Nikita verstarb im November 2003. Doch sie lebt im Wort im Schwarm weiter. Ihr Lieblingsspruch wird so täuschend echt von einer später hinzugekommenen dunkelroten Ara-Henne nachgemacht, dass es mir regelmäßig Tränen in die Augen treibt. Die beiden Tiere haben sich nie kennen gelernt, der Neuzugang hat diesen Spruch von Nikitas ehemaligem Partner Jack übernommen.

Käfiggröße

Papageien müssen fliegen können, um körperlich und geistig gesund zu bleiben. Ihr ganzer Organismus ist darauf ausgerichtet.

Über die richtige Haltung von Papageien wurde 1995 von einer Expertenkommission ein Gutachten verfasst. Dieses „Gutachten, über die Mindestanforderungen an die Haltung von Papageien" wird von Regierungsbeauftragten, wie z.B. Amtstierärzten oder der Unteren Naturschutzbehörde herangezogen, um zu beurteilen, ob Papageien und Sittiche tierschutzgemäß gehalten werden. Es ist unwahrscheinlich, dass bei einer Privatperson die Papageienhaltung kontrolliert wird. Dennoch ist dieses Gutachten, gerade für den Privathalter, der seine Tiere liebt und ihnen deshalb und nicht aus Angst vor Kontrollen, ein gutes Zuhause bieten möchte, ein guter Anhaltspunkt für die tierschutzgemäße Haltung.

Das Gutachten kann in seiner Vollversion auf der Webseite des Bundesministeriums für Verbraucherschutz, Landwirtschaft und Ernährung (www.bml.de) nachgelesen bzw. herunter geladen und ausgedruckt werden. Der Einfachheit halber, und weil es mir so sehr am Herzen liegt, gebe ich Ihnen hier eine Kurzübersicht über dieses Gutachten. Generell gilt, dass Papageien als Schwarmtiere, die zudem meistens lebenslänglich mit dem gleichen Partner verpaart sind, mindestens paarweise in Käfigen mit den nachfolgend aufgelisteten Mindestmaßen gehalten werden müssen. Da es sich bei den angegebenen Käfigmaßen um Mindesthaltungsanforderungen handelt, kann es von Bundesland zu Bundesland Abweichungen nach oben bezüglich der Größe geben. Auskunft gibt Ihnen das für Sie zuständige Regierungspräsidium oder Ihr Amtstierarzt.

Luftfeuchtigkeit

Papageien benötigen bis auf wenige Ausnahmen eine Luftfeuchtigkeit von mindestens 60%, besser 70%. Kaufen Sie sich einen Luftbefeuchter und ein Hygrometer, damit Sie seine Wirkung kontrollieren können.

MINDESTANFORDERUNGEN AN DIE HALTUNG VON PAPAGEIEN

Sittiche

Gesamtlänge der Vögel	Käfig- bzw. Volierenmaße (Breite x Tiefe x Höhe)
< 25cm	1,0m x 0,5m x 0,5m
25cm - 40cm	2,0m x 1,0m x 1,0m
> 40cm	3,0m x 1,0m x 2,0m

Kurzschwänzige Papageien

Gesamtlänge der Vögel	Käfig- bzw. Volierenmaße (Breite x Tiefe x Höhe)
< 25cm	1,0m x 0,5m x 0,5m
25cm - 40cm	2,0m x 1,0m x 1,0m
> 40cm	3,0m x 1,0m x 2,0m

Aras

Gesamtlänge der Vögel	Käfig- bzw. Volierenmaße (Breite x Tiefe x Höhe)
< 40cm	2,0m x 1,0m x 1,5m
40cm - 60cm	3,0m x 1,0m x 2,0m
> 60cm	4,0m x 2,0m x 2,0m

Loris und andere Fruchtfresser

Gesamtlänge der Vögel	Käfig- bzw. Volierenmaße (Breite x Tiefe x Höhe)
< 20cm	1,0m x 0,5m x 0,5m
> 20cm	2,0m x 1,0m x 1,0m

Licht

Papageien benötigen viel natürliches Sonnenlicht (Außenvoliere). Können Sie dies nicht darstellen, müssen Sie dem Tier künstliches UV-Licht, z.B. eine Arcadia Bird-Lamp, zur Verfügung stellen. Durch Glas gefiltertes Licht verliert den UV-Anteil. Den Käfig an das Fenster zu stellen, mag den Vögeln eventuell Abwechslung bieten, aber lebenswichtiges UV-Licht bekommen sie dadurch nicht, da Glas die UV-Strahlung herausfiltert.

Ernährung

Über die Ernährung von Papageien könnte man Bände füllen. Aus Platz und inhaltlichen Gründen, kann ich Sie hier nur auf die gröbsten Eckdaten hinweisen. Das Futter sollte abwechslungs- und nährstoffreich sein. Das handelsübliche Körnerfutter mag eine Komponente Ihres Futterangebotes sein, aber es sollte auf keinen Fall die einzige sein. Achten Sie darauf, dass Ihr Papagei keine Erdnüsse oder Zirbelnüsse in der Schale bekommt, da diese oft hochgradig mit Pilzsporen

Tägliche Duschen erhöhen die Luftfeuchtigkeit um das Tier - und die meisten Papageien lieben es.

belastet sind, die zur gefürchteten Aspergillose führen, einer Krankheit, die tödlich sein kann und unheilbar ist. Sie können Ihrem Papagei stattdessen geröstete ungesalzene Erdnüsse aus der Lebensmittelabteilung und Pinienkerne geben. Verboten sind Schokolade und Avocados, da diese tödlich sein können. Rezepte für eine ausgewogene Ernährung von Papageien und Sittichen finden Sie in Büchern und im Internet.

Pedro und Oscarine genießen das UV-Licht ihrer speziellen Vogellampe am liebsten aus nächster Nähe.

4. Verhalten

Zunächst möchte ich Ihnen einen kurzen Überblick über Verhalten und dessen Formung geben.

Denn mit dieser Grundlage sind die Prinzipien und die Anwendungen des Clickertrainings leichter nachzuvollziehen.

tung einbringen und Bestrafung vermeiden. Wie kann ich also als Halter das Verhalten meines Tieres beeinflussen?

Verhalten muss sich lohnen

Jedes Lebewesen, unabhängig davon, ob domestiziert oder wild, legt nur das Verhalten an den Tag, das sich in irgendeiner Weise für es lohnt. In der freien Wildbahn sind dies primär Verhaltensweisen, die das Tier und seine Art überleben lassen. Also z.B. Handlungen, welche die Futterversorgung sichern, das Tier einen Partner finden und es Raubtieren entkommen lassen. Bei Haustieren kommen als lohnende Verhalten meist jene hinzu, die ihm Beach-

Verhaltensbeeinflussung

Es gibt vier Arten, Verhalten zu beeinflussen, zwei sind Belohnungen und zwei Bestrafungen.

Belohnungen
Etwas Erwünschtes wird hinzugefügt
Das Tier wird z.B. mit Leckerbissen oder Streicheleinheiten belohnt.

Etwas Unerwünschtes wird entfernt
In anderen Worten, wir hören auf das Tier zu schlagen, seinen Käfig abzudunkeln, es

einzusperren, zu bespritzen, etc. Dies wird im Clickertraining seltenst verwendet, weil wir Tiere beim Clickertraining nicht bestrafen, also auch keine Strafe entfernen können.

Es gibt Trainer, die die Entfernung der eigenen Präsenz bei nicht zahmen oder verängstigten Tieren einsetzen. Dies kann jedoch ein Nachteil sein, da das Tier zunächst durch den Trainer bedrängt wird, damit es dessen Entfernung als Belohnung empfindet. Die Gefahr dabei ist, dass das Tier die Anwesenheit des Trainers mit Angst, Panik und anderen negativen Emotionen verknüpft, was für eine Zähmung und für die Mensch-Tier-Beziehung kontraproduktiv ist.

Bestrafungen

Etwas Unerwünschtes wird hinzugefügt
Beispiele hiervon sind den Vogel anspritzen, anschreien, schlagen, schütteln, wegsperren, usw. Dies benutzen wir beim Clickertraining nicht!

Etwas Erwünschtes wird entfernt
Ein gutes Beispiel ist, wenn der Vogel schreit und wir unsere Aufmerksamkeit abwenden. Ein anderes Beispiel ist, wenn wir eine Belohnung vorenthalten, weil das Tier nicht gemacht hat, was wir wollten bzw. es nicht so gemacht hat, wie wir es gewollt haben.

Clickertraining benutzt hauptsächlich das Hinzufügen von Belohnungen.

Was sind Bestrafungen?

Eine Bestrafung ist jede Konsequenz eines Verhaltens, das dazu führt, dass dieses Verhalten unterbrochen und weniger häufig gezeigt wird. Strafe kann im Minimalfall ein zurechtweisender Blick oder eine milde Lautäußerung, im schlimmsten Fall aber auch eine schwere Misshandlung sein. Ob eine Konsequenz eine Bestrafung ist oder nicht, liegt nicht im Ermessen des Trainers, sondern in der Reaktion des Tieres.

Es wird häufig argumentiert, dass ein scharfes „Nein", oder ein Klaps auf den Schnabel, oder das Drohen, aber nicht Schießen, mit der Wasserspritze keine Bestrafung ist, weil es nicht weh tut. Dem ist aber nicht so. Wenn solche Handlungen das Verhalten unterbinden, dann wurden sie von dem Tier als Bestrafung empfunden. Darüber zu diskutieren sollte eigentlich überflüssig sein, denn das Verhalten des Tieres zeigt uns ganz genau, was als Bestrafung erfahren wird und was nicht. Hinzu kommt, dass der Trainer solche Handlungen nur ausübt, wenn er sich davon eine Wirkung verspricht. Demnach wissen wir im Grunde genommen, wenn wir ehrlich mit uns selbst sind, dass solche Handlungen als Bestrafung gedacht sind, so eingesetzt werden und auch so funktionieren. Also sollten wir aufhören uns dies schön zu reden und einfach darauf verzichten. Alles andere ist Selbstbetrug.

Die Verlockung der Bestrafung

Immer wieder werde ich von Papageienhaltern darauf angesprochen, ob sie denn wirklich nicht bestrafen dürfen. Obwohl sie sagen, dass sie ihre Tiere lieben, was ich ihnen auch glaube, wollen sie unbedingt Bestrafung als Trainingswerkzeug einsetzen. Oft wird dann über die Härte der Bestrafung diskutiert. Man versucht sich einen „Freibrief" ausstellen zu lassen, dass milde Strafen doch in Ordnung seien. Es gibt sogar Trainer, die einen negativ Marker parallel zum Clicker konditionieren.

Ein negativ Marker ist ein Signal, das mit einer Bestrafung anstatt mit einer Belohnung, wie beim Clicker, konditioniert wurde. Somit können solche Trainer die Bestrafung genauso gezielt einsetzen wie die positive Verstärkung mit dem Clicker. Der meistgenutze negativ Marker, der uns allen bekannt ist, ist sicherlich das Wort „nein", auf das häufig eine Strafe folgt.

Der Mensch will bestrafen. Warum ist das so?

Strafe ist selbst verstärkend

In dem Moment, in dem er die Strafe durchführt, fühlt der Mensch sich in Kontrolle. Er fühlt sich überlegen und sein Selbstwertgefühl wird erhöht. All dies fühlt sich natürlich gut an. Es ist eine Belohnung und somit lohnt sich diese Verhaltensweise für ihn. Ob die Bestrafung als Trainingsmaßnahme Wirkung zeigt, wird damit unwichtig, denn die Aufmerksamkeit des Trainers ist nicht mehr auf Wirkung, sondern auf seine eigene Belohnung gerichtet.

Deshalb tendiert Bestrafung zu eskalieren. Sie wird immer schneller und immer heftiger eingesetzt, da sich damit die positiven Gefühle, die der Trainer dabei hat, erzeugen lassen. Wie bei einer Droge scheint jedoch die Wirkung mit der Zeit schwächer zu werden, so dass der „Kick" ständig erhöht werden muss. Dies führt zu einer Eskalation der angewandten Strafe, die im schlimmsten Fall in schweren, lebensgefährlichen und manchmal sogar tödlichen Misshandlungen endet. Bestrafungen einzusetzen bedeutet, sich einem Teufelskreis der sich steigernden Gewaltanwendung hinzugeben. Das haben wir nicht nötig! Und unsere Tiere haben das nicht verdient!

Warum wird nicht bestraft?

Nehmen wir also einmal an, dass Sie sich gut im Griff haben und nur mildere Formen der Bestrafung einsetzen und diese niemals erhöhen würden. Warum sollten Sie trotzdem nicht mit Strafen arbeiten?

Dafür gibt es mehrere Gründe.

Wir wollen zu unseren Tieren eine positive, vertrauensvolle Beziehung aufbauen

Wie soll das Tier uns rückhaltlos vertrauen können, wenn es von uns Unangenehmes oder sogar Schmerzen erfährt?

Durch Strafen schafft man Verhaltensprobleme

Möchten Sie einen Vogel haben, der schreckhaft ist? Vor allem und jedem und insbesondere vor Ihnen Angst hat? Der, je nach Persönlichkeit, zum Angstbeißer oder Dauerschreier wird, sich die Federn ausrupft oder sich selbst verstümmelt? Der möglicherweise ständig krank wird, da der Angststress sein Immunsystem schwächt?

All dies muss nicht, kann aber passieren, wenn man mit aktiver Bestrafung arbeitet. Ein solches Risiko sollte und braucht man nicht einzugehen, da Bestrafung ohnehin keine besonders erfolgreiche Trainingsmethode ist.

Was wir als Strafe ansehen, kann durchaus von dem Tier als Bestärkung empfunden werden

Selbst negative Aufmerksamkeit ist oft besser als gar keine Aufmerksamkeit. Man braucht sich nur Samstag morgens beim Einkaufen die quengelnden Kinder und schimpfenden Eltern im Supermarkt anschauen. Glauben Sie wirklich, dass die Kinder sich so benehmen würden, wenn es sich nicht irgendwie für sie lohnen würde?

Doch zurück zu den Papageien: Sitzt Ihr Papagei alleine im Käfig, wird Schreien sich für ihn in jedem Fall lohnen, wenn Sie ihn dafür anschreien. Denn in dem Moment ist er nicht mehr alleine – er bekommt Aufmerksamkeit. Abgesehen davon, dass Schreien für viele Papageien ohnehin nicht als Strafe angesehen wird, da es zum normalen Verhaltensrepertoire gehört und zudem positiv belegt ist. Haben Sie schon einmal Papageien beim Spiel beobachtet? Je lustiger es wird, desto lauter werden sie. Umso besser, wenn der ganze Schwarm, zu dem auch Sie gehören, mitmacht. „Juchuiiii", denkt Ihr Vogel sich, „meine Menschen finden dieses Spiel auch ganz toll, denn sie schreien munter mit."

Strafen sind sehr schwer anzuwenden

Damit der Vogel eine negative Konsequenz mit seinem Verhalten in Verbindung bringt, muss die Bestrafung unmittelbar sein. Das heißt, Sie müssen das Tier in dem Moment erwischen und bestrafen, in dem es etwas Unerwünschtes macht. Das Zeitfenster hierfür sind nur wenige Sekunden. Außerdem müssen Sie das Tier bei jedem unerwünschten Verhalten erwischen. Schaffen Sie dies nur hin und wieder, dann hat es den Effekt einer variablen Verstärkung. Variable Verstärkungen aber werden beim Training dazu benutzt, Verhalten sehr sicher zu festigen. Nicht etwas, was Sie bei unerwünschten Verhaltensweisen, die Sie dem Tier abgewöhnen möchten, riskieren sollten.

Strafen zeigen dem Tier nicht, welche Verhalten erwünscht sind

Das Tier lernt durch Bestrafung nur, was es unterlassen soll, aber nicht neues, erwünschtes Verhalten. Im schlimmsten Fall kann es passieren, dass das Tier nur noch apathisch in der Ecke sitzt, in seinem Bemühen Strafe zu vermeiden.

Wie erzielt man eine Verhaltensweise?

Nachdem wir uns also darauf geeinigt haben, auf Bestrafungen gänzlich zu verzichten, stellt sich die Frage, wie der Trainer das Tier dahin führt, ein Verhalten zu zeigen, das bestärkt und somit trainiert werden kann. Dafür gibt es fünf Möglichkeiten:

Das Verhalten erwischen

Sie beobachten Ihren Papagei und belohnen ihn, wenn er ein erwünschtes Verhalten zeigt. Je öfter Sie Ihren Vogel für das Verhalten bestärken, desto schneller wird er lernen, dass es sich für ihn lohnt und desto häufiger wird er dieses Verhalten zeigen. Mit dieser Methode kann man einfache Verhalten, wie z.B. Körperhaltung, erhobene Flügel, gehobenes Füßchen, gebeugter Kopf, einüben, aber auch, durch das Aneinanderreihen von verschiedenen Bewegungen, komplexe Verhalten wie Rolle vorwärts, „Tanzen", etc. erzielen.

Das Verhalten vormachen

Hierbei zeigen Sie dem Vogel, wie es gemacht wird. Ein Beispiel, das viele von uns machen ist dem Vogel mehrfach ein Wort oder einen Satz vorzusprechen, in der Hoffnung, dass er uns nachahmen wird. Ein anderes Beispiel ist, wenn wir ihm zeigen mit einem Spielzeug zu spielen.

Shaping - Das Verhalten formen

Beim Shaping fängt man damit an, zunächst Teile des gewünschten Verhaltens einzufangen, indem man den Vogel dabei „erwischt", wenn er ein Verhalten zeigt, das für die geplante Übung ausgebaut werden könnte. Möchten Sie z.B. dem Vogel ein „Winke, Winke" antrainieren, be-

Das Kommando „Großer Adler", hier von Jack gezeigt, üben Sie durch Shaping ein.

lohnen Sie ihn zunächst, wenn er das Füßchen nur ein bisschen hebt. Wenn er gelernt hat, den Fuß regelmäßig zu heben, belohnen Sie ihn einmal nicht. Dies löst einen Extinktionsausbruch aus, der ihn dazu bewegt, sein Füßchen höher zu heben. Dieses belohnen Sie. Danach belohnen Sie nur noch die höheren Fußheber. Mehr dazu später.

Das Verhalten herauslocken

Ein Verhalten kann herausgelockt werden, indem man den Vogel z.B. einem Leckerbissen folgen lässt und ihn für das Folgen belohnt. Beim Clickertraining benutzen wir statt des Leckerbissens ein Zielstäbchen, genannt Targetstick, weil es in der Anwendung einfacher zu gebrauchen und vielseitiger ist. Damit kann man z.B. umdrehen, auf die Hand kommen, herkom-

Polly - eine Blaustirnsittichdame - ist einfach süß. Ihre Stimme hingegen ist es nicht. Man muß darauf achten, ihr Schreien nicht versehentlich zu verstärken.

EXTINKTIONSAUSBRUCH

Wenn das Tier für ein bestimmtes Verhalten stets eine Belohnung bekommt, wird es, wenn die Belohnung ausbleibt, reagieren, indem es dieses Verhalten ausgeprägter (z.B. lauter, höher, länger) zeigt.

Dies kann man beim Training nutzen, indem man diese, so betonten Verhalten verstärkt. Leider kann dies auch bei Verhalten zum Fallstrick werden, die dem Tier abgewöhnt werden sollen, wie z.B. Schreien und Beißen.

Wenn der Trainer den Extinktionsausbruch nicht völlig ignoriert, kann er das unerwünschte Verhalten dadurch verstärken und hat anschließend ein schlimmeres Problem als vorher.

men, Rolle vorwärts, umdrehen, Leiterchen hoch und runter beibringen.

Physische Hilfestellung

Man kann den Vogel physisch dabei unterstützen ein bestimmtes Verhalten auszuführen. Ein gutes Beispiel ist z.B., wenn der Vogel auf der Hand sitzt und man mit dem Daumen die Zehen fixiert, damit er nicht fallen kann. Dann kippt man ihn vorsichtig vorwärts oder rückwärts mit dem Ziel, dass er das Verhalten lernt, sich kopfüber von der Hand hängen zu lassen.

Das „Hängen lassen" wird mit physischer Hilfestellung eingeübt.

5. Clicker training

Nachdem wir nunmehr die Grundlagen von Verhalten und wie es geformt wird, erläutert haben, kommen wir endlich zum eigentlichen Thema, dem Clickertraining.

Das Clickertraining ist eine Trainingsmethode, die auf positiver Bestärkung von erwünschten Verhaltensweisen basiert.

Der Name beruht darauf, dass ein Clicker als Trainingswerkzeug benutzt wird, um das Verhalten im richtigen Moment zu markieren und anschließend zu belohnen. Dies hat den Vorteil, dass man dem Tier sehr präzise mitteilen kann, welches Verhalten die Belohnung erwirkt.

Aus Kindertagen als „Knackfrosch" bekannt, gibt der Clicker als wichtigstes Trainingswerkzeug dem Clickertraining seinen Namen.

Was ist ein Clicker?

Ein Clicker ist eine kleine Kunststoffbox mit einem Metallplättchen, das, vergleichbar mit den Knackfröschen, die wir aus dem Partybedarf oder aus Kinderspielen kennen, ein Click-Geräusch macht, wenn wir draufdrücken.

Warum benutzt man einen Clicker?

Der Clicker wird als Brücke zwischen Verhalten und Belohnung benutzt. Mit ihm können wir das gewünschte Verhalten genau in dem Moment kennzeichnen, in dem es gezeigt wird. Dies macht es für das Tier eindeutig, welches Verhalten die Belohnung ausgelöst hat. Besonders beim Training von komplexen oder räumlich entfernten Verhaltensweisen ist dies sehr hilfreich.

BEISPIEL

Stellen Sie sich vor, Sie möchten Ihrem Vogel beibringen, nur im Käfig „aufs Töpfchen" zu gehen.

Ohne Clicker müssten Sie in dem Moment neben ihm stehen, in dem er „aufs Töpfchen" möchte und ihm auch noch genau in dem Moment, in dem er das gewünschte Verhalten zeigt, ein Leckerli geben.

Da Sie es kaum schaffen werden, im richtigen Moment vom Sofa aufzuspringen, zum Käfig zu eilen und ihm seine Belohnung zu geben, bedeutet dies, dass Sie sich neben den Käfig stellen müssten, um ihm in dem Moment, in dem er sein „Geschäft" verrichtet ein Leckerli in den Schnabel schieben zu können. Dies ist kaum praktikabel.

Selbst wenn Sie es schaffen sollten rechtzeitig neben ihm zu stehen, würde Ihr Vogel just in dem Moment das Leckerli gar nicht nehmen wollen. Das Verhalten könnte also von Ihnen nicht belohnt und somit nicht verstärkt werden.

Arbeiten Sie hingegen mit einem Clicker, machen Sie es sich auf dem Sofa bequem und clicken einfach in dem Moment, in dem er sein „Geschäft" macht. Anschließend haben Sie ein paar Sekunden Zeit, um zum Käfig zu gehen und ihm sein Leckerli zu verabreichen. Und schon haben Sie problemlos, das „im Käfig aufs Töpfchen gehen" verstärkt.

Wie wird der Clicker angewendet?

Damit der Clicker als Brücke zwischen dem Verhalten und der Belohnung agieren kann, wird er zu Beginn des Trainings mit einer Belohnung, dem Leckerli, verknüpft. Er wird konditioniert. Der Vogel lernt, dass der Click bedeutet: „Gut so, gleich bekommst Du Deine Belohnung".

Clicker sind beim Training besser einzusetzen als z.B. „Fein", oder „Guter Vogel" zu sagen, da das Geräusch immer gleich bleibt, unabhängig davon, wie wir uns gerade fühlen. Somit kann der Vogel eindeutig erkennen, worum es geht, und unser Feedback an ihn wird nicht emotional befrachtet. Zusätzlich ist der Click kurz und prägnant, und man kann damit sehr präzise und zeitnah Verhalten markieren. Ein weiterer Vorteil vom Clicker ist, dass das Tier außerhalb des Trainings dieses Geräusch nicht zu hören bekommt. Wenn er es, wie es z.B. bei Lobworten oder Klicken mit einem Kugelschreiber häufig der Fall ist,

außerhalb des Trainings ohne anschließende Belohnung hören würde, würde die Verknüpfung zerstört werden. Es wäre im Training nicht mehr richtig zu gebrauchen.

Wer oder was kann trainiert werden?

Vom kleinsten Sittich bis zum größten Hyazinthara kann jeder Vogel trainiert werden. Auch das Alter ist egal, denn jedes Lebewesen lernt bis zum Tod. Wichtig ist nur, dass Sie ein wenig Geduld mitbringen – und sein Lieblingsleckerli. Denn es muss sich für das Tier lohnen, ein bestimmtes Verhalten zu zeigen.

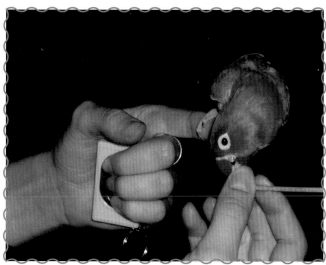

Ein kleiner Agapornide hat genausoviel Spaß am Clickertraining, wie seine größeren Verwandten.

Wer darf trainieren?

Jeder in der Familie vom Kind bis zum Großvater darf beim Clickertraining mitmachen. Dabei ist es am besten, wenn jeder mit dem Tier unterschiedliche Übungen durchführt, da jeder Trainer einen etwas anderen Stil hat. Versuchen alle dem Vogel das Gleiche beizubringen, kann es für das Tier enorm frustrierend werden. Etwas, das bei dem einen Trainer einen Jackpot einbringt, wird vom anderen ignoriert. Auch das Timing unterscheidet sich oft. Sie machen es dem Vogel erheblich leichter, wenn Sie sich vorher darauf einigen wer was mit ihm übt. Und achten Sie bitte auf angemessene Trainingspausen. Das Training soll nicht nur Ihnen, sondern auch Ihrem Vogel Spaß machen.

Trainieren mit mehreren Vögeln

Als liebevoller und gut informierter Halter, der Wert auf eine artgerechte Haltung legt, haben Sie mehrere Vögel? Kein Problem! Fangen Sie einfach mit dem zutraulichsten und vorwitzigsten Vogel an. Das ist auch besser für Sie als Trainingsneuling. Machen Sie es sich und Ihrem Vogel so leicht wie möglich.

Kinder sind oft gute Clickertrainer.

Die verlorene Zeit, die Sie vielleicht lieber bei einer konkreten Problemlösung mit einem anderen Tier verbracht hätten, werden Sie sehr schnell wieder aufholen, wenn Sie selbst erst einmal beim Training etwas routinierter geworden sind. Außerdem ist es so, dass der furchtsamere Vogel das Training aus der Entfernung anschauen wird und in der Regel recht schnell lernt, dass das clickende Ding doch nicht das „Tor zur Hölle" ist, und dass sein Kumpel fürs Mitmachen ständig irgendwelche feinen Le-

„Hmmmm . . . vielleicht ist das Ding da ja doch nicht soooo gefährlich?"

ckerlis bekommt und er nicht. Das allein, Dank sei dem Futterneid, reicht schon oft, um den „Fürchtevogel" zum Mitmachen zu motivieren.

Vögel beim Training trennen?

Wenn es problemlos geht, macht es das Training einfacher, da der Vorwitzigere nicht stören kann. Oft, gerade bei Partnervögeln, ist eine derartige Trennung aber mit Stress verbunden. Deswegen ist es in der Praxis meist so, dass man zusammen trainiert. Damit es nicht ganz so chaotisch wird, gibt es mehrere Tricks.

Konzentrieren Sie sich auf den Vogel, mit dem Sie gerade eine Übung durchführen. Funkt der andere dazwischen, ignorieren Sie ihn. Wenn das Dazwischenfunken sich für ihn nie lohnt, wird er es aufgeben. Belohnen Sie ihn allerdings durch Aufmerksamkeit oder gar Leckerlis, wird es immer schlimmer werden, bis ein Training mit dem zurückhaltenderen Tier fast unmöglich wird.

Nehmen Sie etwas größere Leckerlis, als Sie normal nehmen würden. So ist das eine Tier noch mit Futtern beschäftigt, wäh-

Chicco wartet brav,
während Pablo seine Übung durchführt.

rend Sie mit dem anderen Tier schon die nächste Übung machen.

Bringen Sie Ihren Tieren so schnell wie möglich „Auf Deinen Platz" und „Bleib" bei. Diese Übungen können Sie einführen, nachdem die Targetstick-Übungen gut sitzen. Wichtig hierbei ist auch, dass Ihre Tiere beim Training ihre eigenen Sitzplätze haben, die räumlich etwas entfernt voneinander sind.

Ein geschickter Trainingsaufbau, wie diese beiden Stühle, die als einfache Sitze einander gegenüberstehen, kann es Trainingsanfängern einfacher machen, zu verstehen, wer gerade dran ist.

Besonders geeignet sind hierfür Stühle, die man so positionieren kann, wie man möchte. Sie könnten sie z.B. so hinstellen, dass Sie zwischen den beiden Lehnen stehen, so dass Sie sich dem Tier, mit dem gerade geübt wird zuwenden, während Sie dem anderen Tier den Rücken zukehren.

Wenn Sie mögen, können Sie natürlich auch einen richtigen Sitzstand für Ihr Training kaufen oder basteln.

Wie motiviere ich meine Vögel dazu, begeistert mitzumachen?

Es gibt mehrere Grundvoraussetzungen für ein begeistertes Mitüben Ihres Vogels:

Trainingsdauer und -frequenz

Die Trainingseinheiten sollten sehr kurz sein. Zwei bis fünf Minuten zweimal täglich sind ideal. Aber Sie können auch weniger oft üben. Sie kommen dann einfach mit Ihrem Training langsamer voran – oder häufiger – dann geht es schneller. Wichtig bei häufigeren Trainingsstunden ist eine längere Pause zwischen den Trainingseinheiten. Hierbei hat sich eine Pausendauer von mindestens einer Stunde für die meisten Vögel recht gut bewährt. Die tatsächliche Trainingsdauer, die Sie mit Ihrem Tier einhalten, hängt stark von seiner Aufmerksamkeitsspanne und Tagesform ab. An guten Tagen, wenn alle in Hochform sind, kann es sein, dass Sie auch mal zwanzig Minuten am Stück üben. Genau wie beim Sport bringen mehrere kurze Trainingseinheiten mit Pausen dazwischen wesentlich mehr als eine Marathoneinheit.

Anfang und Ende

Ebenfalls wie beim Sport, muss Ihr Vogel vor dem Training aufgewärmt werden. Hierzu führen Sie ein paar kurze Übungen durch, die wirklich gut sitzen und die ihm Spaß machen. Als Trainingsanfänger kann man auch kurz den Clicker noch einmal konditionieren. Eine Abfolge von drei bis fünf Clicks und Leckerli reicht hierbei völlig.

Das Ende des Trainings sollte immer möglichst positiv sein, damit das Tier es in guter Erinnerung behält. Trainieren Sie hingegen, bis der Vogel keine Lust mehr hat, wird er dies in Erinnerung behalten. Dies ist einer der häufigsten Trainingsfehler. Der Vogel erinnert sich nur an das mühsame Ende, so dass es von Mal zu Mal schwieriger wird, ihn zu motivieren überhaupt mitzumachen.

Es ist wirklich wichtig, dass Sie immer dann aufhören, wenn es gerade am schönsten ist, z.B. wenn Ihr Vogel gerade einen Jackpot (s. Kapitel 6. Leckerbissen) für eine wirklich tolle Trainingsleistung bekommen hat. Sie können auch am Schluss des Trainings einfach noch ein paar ganz leichte Übungen durchführen, wie Sie es beim Aufwärmen schon getan haben. Belohnen Sie Ihren Vogel großzügig, loben Sie ihn und hören Sie dann auf. So bleibt Ihrem Tier dieses Erfolgserlebnis in Erinnerung und es wird mit Freude das Training beim nächsten Mal wieder aufnehmen.

Falls Sie damit Schwierigkeiten haben, den richtigen Zeitpunkt zu finden mit dem Training aufzuhören, dann benutzen Sie am besten einen Timer. Beobachten Sie, wie lange es dauert, bis Ihr Vogel in der Trainingsstunde keine Lust mehr hat. Dann setzen Sie Ihren Timer für das nächste Training konsequent eine Minute kürzer.

Wenn nichts mehr geht

Manchmal scheint ein Vogel zu bocken. Er hat keine Lust und macht einfach gar nichts mehr.

Vorausgesetzt Sie sind sich sicher, dass es nicht krank oder verletzt ist, liegt dies in der Regel daran, dass Sie das Tier überfordert haben, indem Sie zu große Trainingsschritte gewählt haben. Gehen Sie im Training einfach ein paar Übungen zurück. Holen Sie Ihren Vogel bei dem Teil der Übung, den er noch gut konnte, ab und gehen Sie mit ihm zusammen langsamer und in kleineren Schritten wieder vorwärts.

Minischritte sind besser

Beim Training ist es wichtig, das Tier so oft wie möglich zu belohnen. Jede Belohnung ist ein Pluspunkt auf Ihrem Trainingskonto. Je schneller Sie dieses Konto aufbauen, desto mehr lernt Ihr Tier.

Zu große Trainingsschritte, gepaart mit zu seltenen Belohnungen, sind häufige Anfängerfehler. Überlegen Sie deshalb bei jeder Übung, ob Sie möglicherweise einen geplanten Trainingsschritt in noch kleinere Unterschritte aufteilen könnten. Wenn Sie es schaffen, statt eines Trainingsschritts fünf Unterschritte zu üben und zu belohnen, wird Ihr Vogel viel schneller an das erwünschte Trainingsziel kommen. Zusätzlich wird er potentiell viel weniger frustriert werden und Sie beide werden viel mehr Spaß beim Training haben.

Trainingsumfeld

Eine ideale Voraussetzung für das Training ist eine entspannte Trainingsatmosphäre, in welcher der Vogel nicht abgelenkt oder gar gestresst wird und Angst hat. Am besten ist es, wenn Sie das Training zumindest am Anfang oder bei schwierigen Übungen, immer an der gleichen Stelle durchführen. Der Vogel erkennt, dass es „sein" Trainingsraum und „sein" Trainingssitz ist, und stimmt sich so mental auf die Trainingseinheit ein. Manchmal hilft es, eine immer gleich bleibende ruhige Musik im Hintergrund spielen zu lassen.

Belohnungen

Damit Ihr Vogel beim Training hoch motiviert ist, benötigen Sie eine sehr gute Belohnung, die er wirklich haben möchte.

Es gibt grundsätzlich viele mögliche Belohnungen, z.B. Leckerbissen, Streicheleinheiten, Spielen oder auch einfach in Ruhe gelassen werden. Erfahrungsgemäß funktionieren Leckerbissen als Belohnung am besten. Wenn das Tier sie frisst, wissen wir, dass es sie wollte. Es wurde also nachweislich belohnt. Außerdem wird das Training bei der Leckerligabe nur kurz unterbrochen und das Tier wird nicht sonderlich abgelenkt, so dass man einen guten Trainingsrhythmus beibehalten kann.

Streicheln und Spielen funktionieren meist nicht so gut, da sie zu lange dauern und das Tier völlig aus dem Konzept bringen. Zusätzlich ist Streicheln als Belohnung fragwürdig, da man schlecht einschätzen kann, ob es für das Tier wirklich eine Belohnung ist, oder ob es diese Art der Zuwendung nur erduldet.

Muss ich jetzt immer und ewig mit einem Clicker herumlaufen?

Selbstverständlich müssen Sie nicht von jetzt ab immer und in alle Ewigkeit mit einem Clicker herumlaufen. Das wäre so unpraktisch, dass Ihnen die Freude an der Leichtigkeit des Clickertrainings schnell vergehen würde.

Den Clicker benutzen wir nur als Werkzeug, um unseren Tieren ein Verhalten beizubringen. Ist das Verhalten erst einmal erlernt, schleichen wir den Clicker aus, indem wir ihn variabel und immer seltener einsetzen. Allerdings müssen Sie das erlernte Verhalten zumindest hin und wieder belohnen. Denn wenn ein Verhalten sich nicht lohnt, dann wird das Tier es auf Dauer nicht mehr zeigen. Die Belohnung muss allerdings nicht immer ein Leckerli sein. Begeisterungstürme und ein dicker Knutsch sind auch in Ordnung, solange immer wieder mal ein Leckerli gegeben wird.

BELOHNUNGEN			
	Leckerbissen	Streicheln	Spielen
Erkennbarkeit als Belohnung	ja	nein	ja
Kurze Belohnungspause	ja	nein	nein
Geringe Ablenkung	ja	nein	nein

Nach einigem Training sollten Basiskommandos, wie auf die Hand steigen, zuverlässig durch-geführt werden – auch ohne die Hilfe von Targetstick oder Clicker.

6. Leckerbissen

Als Leckerbissen kann prinzipiell alles Fressbare verwendet werden. Hauptsache, das Tier mag es.

Auch wenn wir Wert auf eine gesunde Ernährung legen, sind die Leckerli so klein, Größenordnung eine Rosine pro Eisbär (dies wird tatsächlich in Tierparks in der Praxis so gehandhabt), dass sie kaum ins Gewicht fallen.

Deshalb ist es zunächst nicht so wichtig, ob der Leckerbissen vielleicht ein wenig zu fett ist. Ungesund oder gar giftig sollten die Leckerbissen natürlich auf keinen Fall sein.

LECKERBISSEN-MENÜ

- Saaten, insbesondere Sonnenblumenkerne und Hirse
- Nüsse, insbesondere Walnüsse und Pinienkerne
- diverses Obst
- diverse Gemüse
- gekochte Nudeln
- gekochte Kartoffeln
- Babybrei
- verschiedene Säfte
- Erdnuss-, und andere Nusscremes (ohne Salz aus dem Reformhaus)

Und was Ihnen sonst noch einfällt!

Das Oberleckerli

Damit das Tier beim Training hoch motiviert ist, hilft es ungemein, wenn man zunächst das tollste aller Leckerbissen identifiziert – das (Trommelwirbel) Oberleckerli. Dazu richten Sie am Besten einen Leckerbissen-Cocktail in einer Schale oder auf einem Teller an und beobachten, was Ihr Vogel sich zuerst herauspickt.

Was als Leckerliauswahl in die Testschale hineingehört, ermitteln Sie am besten, indem Sie ihren Vogel ein paar Tage lang

sen Test können Sie zwei oder drei Mal wiederholen. Danach müssten Sie mit ziemlicher Sicherheit sagen können, welcher Leckerbissen auf Rang eins der Beliebtheitsskala Ihres Papageis rangiert.

Dann, oh grausame Welt, wird genau dieser Leckerbissen aus seinem Speiseplan gestrichen und nur noch beim Training verfüttert. Es bedarf nicht viel Phantasie, um sich auszumalen, wie begierig Ihr Vogel auf seinen Leckerbissen sein wird.

Ich halte diese Methode für wesentlich humaner, als das Tier vor dem Training hun-

Lily beäugt kritisch den Leckerliteller, . . .

. . . um sich dreimal hintereinander die Walnüsse herauszupicken.

beim Fressen beobachten. Die Nahrungsmittel, die er sich bevorzugt aus seinem Fressnapf heraussucht, geben Sie in die Testschale. Dann notieren Sie sich, welche dieser Leckerbissen er zuerst nimmt. Die-

gern zu lassen, wie manche Trainer es praktizieren. Damit ist natürlich nicht gemeint, dass das Tier vor dem Training „pappsatt" sein sollte. Denn dann wird es keine große Lust selbst auf das größte Leckerli haben. Am besten ist es, wenn Ihr Vogel beim Training ein klein wenig hungrig ist. Hierbei reicht es völlig, wenn das Training vor den Fütterungen durchgeführt wird.

> ### TIPP
>
> In manchen seltenen Fällen sind Papageien vor dem Füttern zu hungrig. Dann können sie sehr hektisch werden, so dass gar nichts mehr funktioniert. In solchen Fällen empfiehlt es sich, vor dem Training eine Kleinigkeit zu füttern.

Für das Training sollten die Lieblingsleckerli in winzig kleine Stücke geteilt werden. Es dauert sonst zu lange, bis sie vertilgt sind und das Tier wird außerdem zu schnell satt.

> ### TIPP
>
> Besonders kleine Leckerbissen, können mit einem bisschen Erdnusscreme an einem Löffel angeklebt werden, damit sie leichter zu handhaben sind.
>
> Der Vogel darf für jede Belohnung – außer dem Jackpot – natürlich nur einmal naschen.

Auch wenn manche Papageien jahrelang mit dem gleichen Leckerbissen glücklich sind, brauchen die meisten Abwechslung, um motiviert zu bleiben. Deshalb sollten Sie das Oberleckerli hin und wieder neu austesten.

Wie lange muss man Leckerlis geben?

Man sollte gewünschte Verhaltensweisen regelmäßig belohnen. Das muss nicht jedes Mal sein, aber doch häufig genug, dass sich das Verhalten für das Tier weiterhin lohnt. Sonst wird es aufhören es zu zeigen. Sie würden doch auch nicht umsonst arbeiten, oder?

Der „Jackpot"

Bei besonderen Leistungen unseres Vogels, insbesondere bei Trainingsdurchbrüchen, also wenn er zum ersten Mal ein gewünschtes Verhalten gezeigt hat, geben wir ihm einen so genannten „Jackpot". Dieser besteht aus mehreren der kleinen Leckerbissen.

Ein Jackpot ist ein Hauptgewinn.

Waren Sie schon einmal in Las Vegas? Bei einem Hauptgewinn fängt der Spielautomat an wild zu blinken, spielt eine verrückte Melodie und natürlich fällt unten ganz viel Geld heraus. Der Gewinner wird gefeiert. Genauso machen Sie es mit Ihrem Vogel, wenn er etwas ganz Tolles gemacht hat. Was meinen Sie, wie das motiviert und ihn zu neuen Höchstleistungen anspornt!

Bei scheuen Vögeln müssen Sie natürlich darauf achten, dass Sie es nicht übertreiben und ihn erschrecken. Aber die meisten Papageien lieben viel Drama und Aufhebens und fühlen sich dann wie ein Star.

Ganz besonders beliebt – das „Jackpot" Bad.

7. Clicker konditionieren

Nachdem Sie herausgefunden haben, welches das Oberleckerli Ihres Tieres ist, müssen Sie als nächstes den Clicker konditionieren, bevor Sie mit dem eigentlichen Training anfangen können.

Dies ist nichts anderes als die Verknüpfung des Click-Geräusches mit der Belohnung, so dass diese für den Papagei unausweichlich miteinander verbunden sind.

Konditionieren

Zum Konditionieren clicken Sie und geben Ihrem Tier sofort, d.h. innerhalb von maximal zwei Sekunden, eines seiner Oberleckerlis. Es ist sehr wichtig, dass Sie sich innerhalb dieser Zeitspanne befinden, damit der Click auch wirklich mit dem Leckerli in Verbindung gebracht wird.

Ist Ihr Vogel erst einmal ein Trainingsprofi, ist es nicht so schlimm, wenn es mal ein bisschen länger dauert. Aber in der Regel sollten der Click und das Leckerli zeitlich eng beisammen liegen. Dies geschieht circa zehn Mal hintereinander. Dann machen Sie ein Päuschen von wenigen Minuten.

Diesen Ablauf wiederholen Sie vier- bis fünfmal. Bis dahin haben die meisten Papageien und Sittiche die Verknüpfung verstanden. Viele Vögel geben keinerlei Anzeichen, dass sie verstanden haben,

TIPP

Pausen sind beim Training ungemein wichtig. Die Tiere denken in diesen Pausen wirklich nach und das Geübte setzt sich. Immer wieder beobachtet man große Trainingsdurchbrüche nach solchen Pausen.

Hector und Tina warten auf ihre Clicks und Belohnungen.

worum es geht. Sie schauen sich auch nicht nach dem Leckerbissen um. Lassen Sie sich davon nicht beirren, die Praxis zeigt immer wieder, dass sie es doch verstanden haben.

Was tun, wenn der Vogel Angst vor dem Clicker hat?

Manche besonders scheue oder nervöse Vögel erschrecken sich am Anfang beim Click-Geräusch.

Um Abhilfe zu schaffen, kann man den Clicker zum Dämpfen erst einmal in die Hosentasche stecken oder einen Streifen Malerkreppband darauf kleben. Oder es kann ein Helfer die ersten paar Mal während des Konditionierens aus einem Nebenzimmer clicken. Sie können auch einen „Clicker" mit leiserem Geräusch nehmen, z.B. breitere Flaschendeckel mit einer „Pop-up" Ausbuchtung. In der Regel gewöhnen sich die Vögel jedoch sehr schnell an das Click-Geräusch, da es mit etwas Positivem verknüpft wird. Click = Belohnung! Ist der Clicker erst einmal konditioniert, ist es ohnehin kein Problem mehr.

Was tun, wenn der Vogel Angst vor der menschlichen Hand hat?

Wie konditioniert man den Clicker bei besonders scheuen Tieren, die kein Leckerli aus der Hand nehmen?

Hierbei wendet man am besten die Schälchenmethode an. Dabei erhält das Tier sein Leckerli aus einem Leckerlischälchen, das gut erreichbar für Trainer und Vogel aufgestellt oder befestigt wurde. Das Leckerlischälchen sollte nicht der Fressnapf des Vogels, sondern ein Gefäß sein, das wirklich nur für besondere Leckerbissen benutzt wird. Statt dem Vogel seine Belohnung von Hand direkt in den Schnabel zu geben, wird bei der Schälchenmethode das Leckerli in das designierte Leckerlischälchen gegeben. Danach entfernt sich der Trainer sofort auf einen Abstand, bei dem das Tier sich wohl fühlt. Dann heißt es warten.

Bei sehr scheuen Vögeln kann es lange dauern, bis sie sich zum ersten Mal an das Schälchen herantrauen – auch schon mal einen ganzen Tag. Haben Sie Geduld! Sobald die Vögel bemerkt haben, dass es etwas zu holen gibt, reduziert sich die Wartezeit im Anschluss sehr rapide.

Mit Hilfe der Leckerlischale können Sie auch scheue Tiere gut belohnen.

Bei scheuen Tieren können Sie auch versuchen, das Tier von einem größeren Leckerli abbeissen zu lassen, z.B. von einer Rispe Kolbenhirse oder einer Banane (bei den vorwitzigen Hahns Zwergaras im Bild, Chicco und Pablo, ist dies allerdings nicht nötig.).

Denken Sie bitte stets daran, dass das Leckerli die Belohnung und nicht die Übung ist.

Auf keinen Fall sollte der Trainer versuchen, das Tier mit dem Leckerli anzulocken. Dies ist für das spätere Training kontraproduktiv, denn das Tier denkt nicht mehr: „Was kann ich tun, um meinen Trainer dazu zu bewegen mir ein Leckerli zu geben?". Stattdessen denkt es: „Was kann ich tun, um ein Leckerli zu stibitzen?".

Es ist mühsam mit solchen Tieren zu trainieren und ihnen diese Denkweise wieder abzugewöhnen.

Was tun, wenn der Vogel beißt?

Sie sollten stets vermeiden, sich von Ihren Vögeln beißen zu lassen. Die Aktion des Beißens an sich ist bereits befriedigend für das beißende Tier. Die Belohnung folgt also quasi automatisch durch die Handlung. Man spricht auch von selbstverstärkendem Verhalten.

Bei einem beißenden Tier kann man ebenfalls die Schälchenmethode anwenden oder man kann alternativ den Leckerbissen mit einem langstieligen Löffel reichen. Bei besonders aggressiven Tieren kann

Bei der Arbeit mit beißenden Tieren, kann der Trainer seine Hand mit einem Plastikbecher schützen.

man außerdem die Hand schützen, indem man ein Loch in den Boden eines großen Joghurtbechers schneidet. Diesen schiebt man dann über den Stiel des Leckerlilöffels, mit der Öffnung zum eigenen Körper. Die Hand, die den Stiel hält, befindet sich im Becher und wird durch diesen geschützt.

Mit einer ähnlichen Konstruktion kann man übrigens auch seine Hand vor einem beißenden Vogel schützen, den man mit Hilfe einer Sitzstange transportieren möchte.

Zu guter Letzt ist es am Anfang oft einfacher, und vor allen Dingen sicherer, mit einem aggressiven Vogel im Käfig zu üben. Dabei sind Sie natürlich draußen und üben durch das Gitter hindurch oder gegebenenfalls durch die geöffnete Käfigtür.

Mit fortschreitendem Training wird auch die Beziehung zu Ihrem Vogel aufgebaut. Ist die Beziehung erst einmal positiv gefestigt, legt sich die Aggressivität ohnehin meist von selbst.

Auch beim Arbeiten mit dem Targetstick kann ein Plastikbecher die Hand vor Bissen schützen.

Ein Clicker ist kein Papageienspielzeug – Sie verwässern die Konditionierung, wenn die Tiere außerhalb des Trainings den Clicker zu oft hören.

8.

Der Target- stick

Der Targetstick ist für das Clickertraining eines der wichtigsten Werkzeuge.

Mit seiner Hilfe können Sie Ihrem Papagei oder Sittich eine Vielzahl anderer Übungen beibringen, wie z.B. Ihnen auf die Hand zu steigen, auf „Komm" zuzufliegen, zu „Tanzen", in den Käfig zu gehen und vieles andere mehr.

Ziel der Targetstick-Übung ist es, dem Vogel zunächst beizubringen in die Spitze eines Übungsstöckchens, dem Targetstick, mit dem Schnabel zu zwicken. Dies wird schrittweise weiter ausgebaut, bis der Vogel dem Targetstick zuverlässig, auch über Hindernisse, folgt, um ihn in die Spitze zwicken zu können.

Da diese Übung die Grundlage für weiterführende Fertigkeiten ist, sollten Sie den Targetstick gründlich üben, bis er wirklich

Nicolas Agaporniden zwicken in einen Schaschlikspieß als Targetstick.

hundertprozentig sitzt. Von der Sicherheit, mit der Ihr Vogel diese Aufgabe absolviert, hängt sein Lernerfolg für die darauf basierenden Übungen ab.

Was ist ein Targetstick?

Der Targetstick ist nichts anderes als ein schlichtes Stäbchen, das allerdings nur für das Training benutzt wird. Es sollte auf die Größe des Tieres abgestimmt sein, so dass der Vogel problemlos mit dem Schnabel in die Spitze des Targetsticks kneifen kann.

Die kleineren Vogelarten, wie z.B. Agaporniden, Wellensittiche, und Nymphensittiche, kommen gut mit einem Schaschlikstäbchen als Targetstick zurecht. Chinesische Essstäbchen funktionieren gut für die größeren Arten. Alternativ kann man natürlich auch alles andere nehmen, was ungefähr die richtige Größe hat, wie z.B. Stricknadeln oder ein im Garten abgeschnittener Zweig.

Da das Tier in die Spitze des Targetsticks kneifen soll, hilft es ihm, wenn man, zumindest am Anfang, die Spitze des Targetsticks farblich markiert. Targetsticks aus Holz kann man vorzüglich mit Beerensaft, Lebensmittel- oder Ostereierfarbe markieren. Targetsticks aus Metall oder Kunst-

stoff können an der Spitze mit buntem Isolierband umwickelt werden. Hierbei müssen Sie natürlich darauf achten, dass Ihr Tier keine Gelegenheit bekommt, dieses abzuknabbern oder gar zu fressen.

Was soll nicht als Targetstick genommen werden?

Da Ihr Vogel in den Targetstick hinein beißen soll, darf er auf keinen Fall aus giftigem Material sein. Filz- und Buntstifte sind also tabu.

Der von Ihnen ausgewählte Targetstick sollte von Ihnen wirklich nur für das Targetstick-Training benutzt werden, um Ihren Vogel nicht zu verwirren. Dies ist auch der Grund, warum Sitzstangen nicht genommen werden sollten. Das Tier wird es nicht verstehen, wenn es manchmal in den Stab hinein beißen, manchmal aber darauf aufsteigen soll. Also machen Sie es sich und Ihrem Schüler einfach und reduzieren Sie unnötige Verwirrung, indem Sie immer den gleichen Targetstick und diesen nur für einen Zweck benutzen. Lassen Sie Ihren Vogel auch nicht mit dem Targetstick spielen. Dies würde seine Konzentration auf das Training verschlechtern, da er auch während der Übungen versuchen würde mit dem Targetstick zu spielen.

Zu guter Letzt sollte es offensichtlich sein, dass Sie Ihren Finger nicht als Targetstick nehmen sollten. Schließlich wollen Sie Ihren Vogel nicht dazu erziehen, Ihnen in den Finger zu zwicken.

Schritt 1. Kneifen in den Targetstick

Halten Sie zunächst den Targetstick mit der Spitze ganz dicht vor den Schnabel Ihres Vogels ohne diesen jedoch zu berühren.

Machen Sie es Ihrem Vogel einfach, Erfolg zu haben, indem Sie ihm den Targetstick so hinhalten, dass Ihr Tier wirklich nur in seine Spitze kneifen kann. Es sollte auch nur für das Zwicken in die Spitze belohnt werden. Dies erleichtert das punktgenaue Dirigieren bei späteren Aufgaben.

Achten Sie darauf, dass Sie bei dieser Übung nicht den Schnabel Ihres Tieres mit dem Tar-

getstick berühren. Das ist sehr wichtig, denn nicht Sie sollen agieren, sondern Ihr Vogel. Er soll aktiv etwas unternehmen, um sein Leckerli zu bekommen. Wenn Sie seinen Schnabel selbst berühren, wird er nicht verstehen, dass er etwas tun muss, um die Belohnung zu bekommen, und wird es somit auch nicht lernen.

Kneift Ihr Vogel sofort in den Targetstick, clicken Sie und geben Sie ihm eine Belohnung. Fällt es ihm jedoch schwerer, denkt er nach oder zögert er, dann können Sie ruhig großzügig sein und ihm einen Jack-

Halten Sie Ihrem Vogel den Targetstick vor den Schnabel, ohne diesen zu berühren, so dass er aktiv werden muss.

pot geben, wenn er es geschafft hat. Auch wenn es Ihnen sehr einfach erscheint in die Spitze eines Stöckchens zu kneifen – ihn kostet es möglicherweise eine Riesenüberwindung. Honorieren Sie dies! Dann wiederholen Sie die Übung.

Diese Abfolge wiederholen Sie mehrere Male, bis er zügig in die Spitze des Targetsticks kneift. Denken Sie dabei bitte daran, dass Sie ihm zwischendurch genügend Zeit lassen seinen Leckerbissen in Ruhe zu verspeisen. Während er diesen noch frisst, sollten Sie ihm den Targetstick nicht hinhalten. Am besten verstecken Sie ihn sogar außer Sichtweite, z.B. hinter Ihrem Rücken.

Wenn Sie Ihrem Papagei oder Sittich den Targetstick präsentieren, während er noch frisst, wird das Tier lernen, dass der Targetstick warten kann, wenn es etwas Besseres zu tun hat. Das wäre hinderlich für die Übungen, die auf einem gut trainierten Targetstick-Verhalten basieren. Der Targetstick sollte ein so starker Reiz für Ihren Vogel sein, dass er sofort alles stehen und liegen lässt und dem Targetstick hinterher rennt, sobald er ihn sieht.

Was tun, wenn der Vogel nicht in den Targetstick kneift?

Kneift Ihr Vogel nicht in den Targetstick, müssen Sie auch diesen allerersten Schritt in kleinere Lernschritte unterteilen. Clicken und belohnen Sie Ihren Vogel, wenn er zum Targetstick hinschaut, sich ihm ein wenig nähert, wenn er die Spitze zum ersten Mal berührt und natürlich auch, wenn er dann zum ersten Mal hinein kneift.

Anschließend fahren Sie mit der Übung wie in Schritt 1 beschrieben fort.

Ruhe bitte!

Auf keinen Fall sollten Sie Ihren Vogel während der Übungen „zutexten". Dies gilt umso mehr, wenn er zögert. Ihre Ermunterungen mögen gut gemeint sein, aber Ihr Vogel muss nachdenken und sich konzentrieren, um die ihm gestellte Aufgabe lösen zu können. Je schwieriger eine Aufgabe für ihn ist, desto wichtiger ist es, dass Sie ihm die Möglichkeit geben ungestört darüber nachzudenken.

Fortwährendes Gequassele im Stile von: „Ja, mein Lieber!", „Versuchs doch noch mal!", „Zeig doch der Mami, was Du kannst!", usw., ist wirklich störend für ihn und lenkt ihn nur ab, statt ihm zu helfen. Wie würden Sie sich fühlen, wenn Sie über etwas Schwieriges nachdenken und jemand würde Sie ständig ansprechen? Seien Sie einfühlsam und machen Sie es ihm leichter, indem Sie still sind.

Ihn nach dem Click zusätzlich zu dem Leckerbissen überschwänglich zu loben, ist hingegen vollkommen in Ordnung. Achten

Sie nur bitte darauf ihn mit Ihrer Begeisterung nicht zu verschrecken, falls es sich um ein eher scheues Tier handelt.

Der Vogel lässt den Targetstick nicht los

Bei den ersten paar Übungsläufen kann es passieren, dass der Vogel den Targetstick nicht mehr loslässt, ja sich sogar geradezu in ihn verbeißt. Dies gibt sich in der Regel von selbst, wenn das Tier erst einmal verstanden hat, dass es nach dem Click einen Leckerbissen bekommt, den es aber erst annehmen kann, wenn es den Targetstick loslässt. Der Vogel ist eben ein Anfänger.

Was tun Sie also, wenn Ihr Vogel sich in den Targetstick verbissen hat? Das Einfachste ist, dass Sie ihm das Leckerli, das er sich durch das Kneifen in den Targetstick verdient hat, direkt vor den Schnabel halten. Oft lässt der Vogel dann den Targetstick los, um sich sein Leckerli zu nehmen. Funktioniert das nicht, dann rotieren Sie sanft den Targetstick entlang seiner eigenen Achse. Die Betonung ist auf „sanft". Denn Sie wollen auf keinen Fall, dass Ihr Vogel den Targetstick als unangenehm empfindet oder sogar vor ihm Angst

bekommt. Zusätzlich können Sie den Targetstick vorsichtig zum Vogel hin- und, dicht am Körper, ein wenig nach oben schieben.

Durch sanftes Drehen des Targetsticks können Sie diesen Ihrem Vogel wieder entwenden.

In dieser Position ist der Vogel anatomisch nicht in der Lage den Targetstick weiter festzuhalten. Aber seien Sie bitte wirklich sanft und vorsichtig. Wenn Sie den Vogel hierbei aus dem Gleichgewicht bringen, wird er sich am Targetstick festhalten wollen und sich noch weiter in ihn verbeißen, um sich festzuhalten.

Was tun, wenn der Vogel Angst vor dem Targetstick hat?

Manche Vögel haben Angst vor dem Targetstick. Das ist nicht weiter schlimm, denn man kann sie recht leicht daran gewöhnen. Man muss nur das Training ein wenig anders aufbauen. Dies ist auch der Fall, wenn der Vogel zwar nicht vor dem Targetstick, aber vor Ihnen Angst hat. Die Vorgehensweise ist in dem Fall die gleiche.

Gehen Sie mitsamt dem Targetstick auf eine Entfernung zum Vogel, bei der er noch keinerlei Angst oder Abwehrreaktionen zeigt. Dies nennen wir im nachfolgenden Text den „Komfortabstand". Die Einhaltung des Komfortabstandes ist wichtig, damit der Vogel Sie oder den Targetstick nicht mit negativen Gefühlen wie Angst oder Bedrängung verknüpft. Clicken und belohnen Sie niemals, wenn Ihr Vogel Angst oder Abwehr zeigt. Am besten beachten Sie ein solches Verhalten gar nicht. Denn mit jeglicher Reaktion Ihrerseits könnten Sie ein solches Verhalten unabsichtlich bestärken.

Wenn Sie und der Targetstick im Komfortabstand zu Ihrem Vogel stehen, sollte dieser einfach da sitzen und keine Angst haben. Dies verstärken Sie mit Click und Belohnung.

Denken Sie daran, den Targetstick zu verstecken, bevor Sie Ihrem Tier die Belohnung geben. Sie wollen ihn nicht aus Versehen beim Belohnen erschrecken. Halten Sie den Targetstick einfach außer Sichtweite hinter Ihrem Rücken, oder lassen Sie ihn im Ärmel Ihrer Kleidung oder in einer Jackentasche verschwinden. Alternativ, können Sie den Targetstick auch in Komfortabstand ablegen.

Hat Ihr Tier Angst vor Ihnen, geben Sie ihm seinen Leckerbissen in einer Leckerlischale, wie in Kapitel 7, beschrieben und nicht aus der Hand. Nachdem Sie diese Übung ein paar Mal wiederholt haben, sollte sich der Komfortabstand verringert haben, da der Vogel sich ein wenig an den Anblick des Targetsticks gewöhnt hat und anfängt diesen mit der Belohnung in Verbindung zu bringen.

Versuchen Sie nun mit dem Targetstick ein paar Zentimeter näher an den Vogel heranzugehen. Hierbei achten Sie bitte darauf, dass der neue Komfortabstand nicht unterschritten wird. Dies können Sie an der Körpersprache Ihres Tieres erkennen. Sollten Sie diesen Komfortabstand im Eifer des Gefechtes doch unterschritten haben, dann gehen Sie einfach wieder ein wenig zurück.

Den neuen Abstand belohnen Sie wiederum mehrere Male mit Click und Belohnung. Dann rücken Sie wieder ein bisschen näher an den Vogel heran. Diese Abfolge spielen Sie solange durch, bis Sie direkt vor dem Vogel stehen und dieser in den Targetstick hineinbeißen kann.

Wenn Sie soweit gekommen sind, fahren Sie mit der Übung, wie unter Schritt 1 beschrieben, fort.

Wie kann ich erkennen, ob mein Vogel Angst hat?

Beim Clickertraining bedrängen wir den Vogel nicht. Dies können wir aber in der Praxis nur dann durchführen, wenn wir in der Lage sind, sein Verhalten zu lesen und somit möglichst frühzeitig auf Abwehr oder Angst reagieren können.

Um zu ermitteln, ob Ihr Papagei oder Sittich Angst hat, müssen Sie Ihr Tier genau beobachten, da Vögel in Ihrer Körpersprache sehr subtil sein können. Körpersprachliche Hinweise auf Angst sind unter anderem eng anliegendes Gefieder, eine stocksteife Körperhaltung, ein starrer Blick, sowie eine Sorgenfalte quer über den Augen.

Um Ihr Auge für die Körpersprache Ihres Vogels zu schulen, können Sie mit ihm eine Annäherungsübung durchführen. Dazu benötigen Sie einen Gegenstand, vor dem das Tier Angst hat. Ist Ihr Papagei nicht zahm, können Sie selbst dieser „Gegenstand" sein. Stellen Sie sich mitsamt dem Gegenstand in einigen Metern Entfernung zum Vogel auf. Bei dieser Übung sollten Sie den Vogel nicht direkt anstarren. Dies erinnert ihn an ein Raubtier, das seine Beute fixiert, ehe es zuschlägt. Als Beutetier kann allein das Angestarrt-werden einen Papageienvogel mächtig nervös machen.

Um ihm, während Sie ihn beobachten, zu signalisieren, dass Sie entspannt sind und ihn nicht angreifen werden, können Sie Ihrem Vogel körpersprachliche Signale senden. Halten Sie Ihren Kopf, während Sie ihn beobachten, ein wenig schräg. Blinzeln Sie häufig mit den Augen und klappern Sie mit Ihren Zähnen, so wie er es mit seinem Schnabel macht, wenn er wirklich entspannt ist.

Als nächstes beobachten Sie seine Körperhaltung. Schauen Sie sich den Gesamteindruck an, den Ihr Vogel macht. Lehnt er sich auf seinem Sitzast nach vorne oder eher nach hinten? Wie hält er seinen Kopf? Liegt sein Gefieder eng an oder ist es eher locker? Ist die Haut um die Augen glatt oder zeigt sie eine Falte. Wie ist die Form der Augen? Normal rund oder verschmälert? Was machen die Pupillen? Oszillieren sie zwischen klein und groß oder sind sie gleich bleibend? Wie sieht seine Hautfarbe aus, falls er zu den Arten mit kahlem Gesichtsfeld gehört? Zuletzt schauen Sie bitte noch einmal Ihr Tier als Ganzes an. Oft sieht man in der Gesamtheit mehr, als im Betrachten der Einzelheiten.

Haben Sie Ihren Vogel eingehend angeschaut, gehen Sie mit dem gefürchteten Objekt langsam, so dass Sie Ihr Tier nicht erschrecken, einen kleinen Schritt vorwärts in seine Richtung. Halten Sie inne und betrachten Sie wieder Ihren Vogel ganz genau. Denken Sie dabei daran sich für ihn verständlich entspannt zu benehmen. Hat sich

Max zeigt sich völlig entspannt; sein Gefieder ist locker, der Blick interessiert.

sein Verhalten geändert? Die Art wie er da sitzt? Wie er seinen Kopf hält? Wie sein Gefieder anliegt? Bewegt er sich? Oder ist er starr? Was machen seine Au-

---

TIPP

Eine Veränderung der Gesichtshautfarbe, wie sie bei Arten ohne Gesichtsgefieder gut zu erkennen ist, ist ein Anzeichen für eine mangelnde Sauerstoffversorgung, wie sie z.B. bei Stress auftritt.

Die Verfärbung ist von der Art abhängig, so tendieren z.B. Graupapageien zu einer Blauverfärbung, während manche Araarten eine Gelbverfärbung zeigen.

Ist die Gesichtshaut andauernd oder nach kleinster Anstrengung oder Aufregung verfärbt, kann dies auch ein Anzeichen für eine Erkrankung sein (z.B. Aspergillose, Herzfehler), die behandelt werden muss. Trifft dies auf Ihr Tier zu, lassen Sie es bitte von einem vogelkundigen Tierarzt untersuchen.

Angst kann schnell in Aggression umschlagen. Pupillen und Körperhaltung zeigen deutlich, dass Max „giftig" wird.

gen? Seine Hautfarbe? Wiederholen Sie diese Schritte so oft, bis Sie für sich klares Abwehrverhalten des Vogels erkennen können. Dann brechen Sie die Übung ab. Es geht hier nicht darum diese Situation auszureizen, bis der Vogel wegfliegt, sondern Ihr Auge für die Subtilitäten seiner Körpersprache zu schulen.

Fliegt der Vogel bei dieser Übung weg, hielten Sie nicht genug Abstand bzw. sind Sie zu schnell oder abrupt näher gekommen. Überdies haben Sie seine Abwehrhaltung übersehen, denn es kamen mit Sicherheit, auch wenn Sie sie aus Unerfahrenheit übersehen haben, etliche kör-

persprachliche Warnungen, ehe er davon flog. Auch hier gilt: Übung macht den Meister.

Ist Ihnen dies passiert, fangen Sie mit etwas größerem Abstand einfach noch einmal von vorne an und seien Sie dieses Mal behutsamer in Ihrer Annäherung.

Wie erkenne ich, wenn mein Vogel entspannt ist?

Eindeutige Anzeichen für Entspannung des Vogels sind das Aufplustern des Gefieders, das Klappern mit dem Schnabel, den Schwanz fächern und den Kopf schief legen, während er häufig mit den Augen blinzelt. Wenn ein Vogel anfängt sich zu putzen, kann das ein Anzeichen von Entspannung sein. Es kann sich aber auch um eine Übersprungshandlung handeln. Dieses ist ein Ersatzverhalten, welches das Tier zeigt, wenn es unsicher ist.

Schritt 2. Recken und Strecken

Wenn Ihr Papagei oder Sittich zuverlässig in den Targetstick kneift, sobald Sie diesen vor seinen Schnabel halten, können Sie beginnen den Schwierigkeitsgrad ein wenig zu erhöhen, indem Sie den Targetstick nun ein paar Millimeter seitlich neben seinen Schnabel halten. Kneift er hinein, clicken und belohnen Sie dies. Ignoriert der Vogel den Targetstick, war der Abstand zu groß oder der erste Schritt war nicht gut genug gelernt. In dem Fall verringern Sie den Abstand oder gehen noch einmal zum ersten Schritt zurück.

Hat Ihr Vogel in den Targetstick gekniffen, dann halten Sie ihn nun ein wenig zur anderen Seite des Schnabels, bis er hineinbeißt. Clicken und belohnen Sie Ihren Papagei oder Sittich. Dann halten Sie den Targetstick ein wenig nach oben, Click und Belohnung, und dann ein wenig nach unten, Click und Belohnung. Dann wiederho-

Stanley streckt sich, um an den Targetstick zu kommen.

len Sie alle vier Richtungen so oft, bis Ihr Papagei oder Sittich, ohne zu überlegen, sofort in den Targetstick hinein kneift, unabhängig davon, zu welcher Seite Sie ihn gerade halten.

Dann vergrößern Sie den Abstand wieder ein wenig und üben wieder alle Richtungen, bis diese einwandfrei sitzen. Nach und nach vergrößern Sie so den Abstand zwischen Targetstick und Schnabel so weit, bis Ihr Tier sich richtig strecken muss, um noch an den Targetstick heranzukommen. Es ist unglaublich, wie lang sich ein Vogel strecken kann, oder?

Schritt 3. Die ersten Schritte

Wenn Ihr Papagei oder Sittich zuverlässig in den Targetstick kneift, auch wenn er sich strecken muss, um noch heranzukommen, sind Sie beim nächsten Schritt angekommen. Jetzt halten Sie den Targetstick noch ein Stückchen weiter vom Vogel weg, so dass er einen kleinen Schritt machen muss, um an den Targetstick heranzukommen. Dies hat einen Jackpot verdient. Meinen Sie nicht? Auch dies üben Sie in alle Richtungen. Dabei ist es ganz praktisch, wenn Sie zum Training einen Ort nehmen, an

Scarlett wird mit dem Targetstick entlang ihrem Sitzast geführt.

69

dem Ihr Vogel sich in jede Richtung bewegen kann, z.B. einen Kletterbaum. So können Sie mit Ihrem Tier das Folgen des Tagetsticks nicht nur nach links und rechts üben, sondern es auch noch hoch und runter klettern lassen.

Schritt 4. Der Trainingsparcours

Jetzt ist Ihre Kreativität gefragt. Wenn Ihr Papagei oder Sittich dem Targetstick zuverlässig über einfache Strecken folgt, können Sie anfangen einen Trainingsparcours aufzubauen. Dies fordert Ihren Vogel, vertieft die Targetstickübung und hilft Jung-, und ungeschickten oder ungeübten Alttieren dabei, beim Klettern sicherer zu werden. Auch hilft es Ihrem Tier allgemein mutiger zu werden und die Angst vor verschiedenen Dingen des alltäglichen Lebens zu verlieren. Dazu nehmen Sie Gegenstände, vor denen er Angst hat, einfach nach und nach in den Parcours mit auf. Für einen Trainingsparcour können Sie alles benutzen, auf oder über das Ihr Vogel klettern kann. Verbinden Sie z.B. einen Ast mit einem Seil, dieses mit der Rü-

Nachdem sie das Seil entlang gelaufen ist, schlägt Lily kräftig mit den Flügeln, um wieder auf ihren Sitzast zu gelangen.

Baucis folgt geschickt dem Targetstick durch den Trainingsparcours, den Caro für ihn aufgebaut hat.

Der Gang in die Transportbox ist Teil des Trainingsparcours für Philemon und Baucis.

ckenlehne eines Stuhls, von dem aus der Vogel auf einen Tisch klettern kann. Dieser könnte mit zusätzlichen Hindernissen ausgestattet werden, die Ihr Vogel überwinden muss. Ihrer Fantasie sind keine Grenzen gesetzt. Seien Sie kreativ!

Wie immer gilt, gehen Sie in kleinen, häufig belohnten Schritten voran. Stockt Ihr Vogel, bedeutet dies nicht, dass er bockig ist und keine Lust mehr hat, sondern dass der Lernschritt zu groß war und er überfordert ist. Gehen Sie in einem solchen Fall ein paar Schritte zurück. Führen Sie dann die Übung noch einmal etwas langsamer in kleineren Schritten durch.

Bauen Sie Ihren Parcours ruhig öfters um, oder variieren Sie die Bestandteile. So wird es Ihnen und Ihrem Papagei oder Sittich nicht langweilig und er lernt immer wieder etwas Neues hinzu. Absolviert Ihr Vogel problemlos seinen Parcours, so beherrscht er auch den Targetstick so gut, dass dieser nun eingesetzt werden kann, um andere Übungen zu erlernen.

TIPP

Ideensammlung für einen Trainingsparcours:

- quer-, oder längsgespannte Seile
- Holzklötze
- Tischoberfläche aus verschiedenen Materialien, z.B. Glas, Tischtuch, Holz
- am Sofa hoch und runter laufen
- Wippe
- als Slalom aufgestellte Schälchen
- über eine Schuhkartonbrücke
- durch einen Schuhkartontunnel

Ihre Notizen (z.B. „Angstgegenstände"):

_____

_____

_____

_____

_____

_____

_____

Gruseliges Ding . . .

Ich soll WAS machen???

Yeah!

Wie wärs – ich hüpf einfach drüber?

Sonjas Zwergara Chicco klettert über ein Kauspielzeug für Hunde als Teil seines Trainingsparcours.

9. Der Trainings-plan

Komplexe Verhaltensweisen, die aus mehreren Einzelteilen bestehen, lassen sich am besten einüben, indem man jeden Bestandteil trainiert, bis er sitzt.

Das Herunterbrechen in Einzelteile verhindert, dass Sie Ihren Vogel durch zu große Lernschritte überfordern und frustrieren.

Der Trainingsplan ist eine Übersicht der einzelnen Bestandteile eines gewünschten Verhaltens, ergänzt um die Vorgehensweise, mit der Sie den jeweiligen Trainingsschritt einüben wollen. Falls es beim Training Schwierigkeiten geben sollte, hilft ein Trainingsplan dabei, genau zu identifizieren, wo das Problem liegt. Somit können Sie ein bestimmtes Trainingshemmnis gezielt behandeln und beseitigen. Die Erstellung eines Trainingsplans kann man am besten anhand eines Beispiels erklären. Nehmen wir das „Auf"-Kommando, als eines der ersten und wichtigsten Kommandos, das die meisten Besitzer Ihren Vögeln beibringen möchten.

Das „Auf"-Kommando

Trainingsziel

Zuerst müssen Sie für sich das gewünschte Zielverhalten definieren. Was muss der Vogel tun, damit die Übung für Sie als „zufrieden stellend gelernt" anerkannt wird? Im Falle des „Auf"-Kommandos wird dies zweifellos sein, dass Ihr Vogel auf das Kommando „Auf" auf Ihre angebotene Hand steigt.

Trainingsmethode

Überlegen Sie sich nun, wie Sie Ihrem Tier dieses Verhalten beibringen möchten. In der Regel gibt es dafür mehrere Methoden, die funktionieren würden. Welche Sie wählen, hängt hauptsächlich davon ab, mit welcher Methode Sie und Ihr Vogel am besten arbeiten können.

Da wir derzeit erst eine Methode, die mit dem Targetstick, erlernt haben, ist die Methode der Wahl in diesem Beispiel selbstverständlich das Beibringen des Verhaltens mit Hilfe des Targetsticks.

Voraussetzungen

Welche Voraussetzungen muss Ihr Tier erfüllen, bevor Sie diese Übung mit ihm durchführen können? Um das „Auf"-Kommando wie geplant mit dem Targetstick einüben zu können, muss Ihr Vogel dem Targetstick zuverlässig folgen.

Übungsaufbau

Als Ausgangsbasis halten Sie den Targetstick so weit entfernt vor Ihren Papagei oder Sittich, dass dieser sich ein wenig strecken muss, um heranzukommen. Gleichzeitig positionieren Sie Ihre freie Hand, die wir der Klarheit halber im Nachfolgenden die Sitzhand nennen, hinter den Targetstick, so dass der Targetstick sich zwischen Vogel und Hand befindet. Hierbei ist darauf zu achten, dass die Hand auf Komfortabstand zum Vogel gehalten wird.

Achten Sie auf die Körpersprache Ihres Tieres. Ihr Papagei oder Sittich sollte keinerlei Abwehr- oder Angstverhalten zeigen. Gegebenenfalls entfernen Sie Ihre Hand noch weiter vom Vogel. Der maximale Abstand, den Sie mit Ihrer Hand zum Vogel einnehmen können ist Ihre gesamte Spannweite plus die Länge des Targetsticks.

> **ACHTUNG**
>
> Ist Ihr Vogel ein Beißer, sollten Sie das „Auf"-Kommando auf keinen Fall mit Ihrer Hand, sondern mit einem Stöckchen als Sitzgelegenheit üben.
>
> Vermeiden Sie es gebissen zu werden, da Beißen selbstverstärkendes Verhalten ist.

Bei dieser Übung sollten Sie die Leckerlis nicht in der Sitzhand halten. Durch das schnelle Heranbringen der Sitzhand mit dem Leckerli könnten Sie den Vogel erschrecken, wenn er scheu ist. Außerdem besteht die Gefahr, dass er später Ihre Hand immer erst auf Leckerlis untersucht, ehe er sich dazu bequemt auf sie aufzusteigen. Machen Sie es ihm also einfach und benutzen Sie die Sitzhand wirklich nur zum Aufsteigen.

Clicken und belohnen Sie diesen Übungsaufbau bevor Sie beginnen. Damit signalisieren Sie Ihrem Vogel, dass es jetzt losgeht. Gleichzeitig kann dies auch Ihre Aufwärmübung sein. Ist Ihr Papagei ein wenig nervös, wiederholen Sie dies ein paar Mal, bis er ganz entspannt ist.

Zum Aufwärmen für ihre Unterrichtsstunde, macht Scarlett ein paar einfache Targetstick-Übungen.

Vorgehensweise

Als nächstes müssen Sie die Übung in ihre Einzelteile aufgliedern. Welche Verhaltensweisen muss Ihr Vogel durchführen, um auf Ihre Hand zu kommen? Dies mag sich leicht anhören. Aber Sie werden erstaunt sein, wie viele Einzelverhalten selbst für eine solche, vermeintlich simple, Übung zusammen kommen. Die Einzelschritte nummerieren wir der Einfachheit halber durch. Dies bedeutet jedoch nicht zwingend, dass die einzelnen Schritte in dieser Reihenfolge durchgeführt werden müssen. Dies hängt von der Komplexität und Art des einzuübenden Verhaltens ab. Mehr dazu

später. Gehen Sie jeden einzelnen Schritt im Kopf durch. Überlegen Sie sich, was Schwierigkeiten bereiten könnte und wie Sie Ihrem Vogel helfen können diese zu überwinden. Die einzelnen Übungsschritte für das „Auf"-Kommando sind nachfolgend aufgelistet und erläutert.

Schritt 1: Abstand Hand zu Targetstick verringern

Ausgehend vom Übungsaufbau bewegen Sie Ihre Hand langsam in Minischritten in Richtung Vogel. Nach jedem dieser Minischritte muss der Vogel in die Spitze des Targetsticks beißen und wird dafür belohnt. Wenn Ihr Vogel bei einem dieser Schritte zögert, aber dennoch in den Targetstick hinein beißt, ist dies ein guter Zeitpunkt, um mit dem Vorwärtsgehen innezuhalten.

Wiederholen Sie die Übung auf dieser Distanz so oft, bis Ihr Vogel zügig, ohne zu zögern in den Targetstick hinein beißt, bevor Sie sich mit Ihrer Hand dem Tier weiter nähern. Vermeiden Sie es, Ihren Vogel zu überfordern und so nahe an ihn heranzugehen, dass er Abwehrverhalten zeigt.

TIPP

Denken Sie daran, mit der Häufigkeit der Belohnungen großzügig zu sein.

Clicken und belohnen Sie lieber zwanzig Einmillimeterschritte als einen Zweizentimeterschritt. Jedes Click und Belohnung, das Sie geben können ist ein Pluspunkt auf Ihrem Trainingskonto und erhöht Ihren Trainingserfolg.

Falls dies doch passieren sollte, clicken Sie nicht, sondern entfernen Sie sich wieder ein wenig, bis der Vogel ganz entspannt ist. Das clicken und belohnen Sie dann. Wenn Sie Ihren Papagei clicken, während er Abwehrverhalten zeigt, bestärken Sie es. Dies würde aber bei der Zähmung des Tieres hinderlich sein.

Schritt 2: Hand unter Targetstick

Führen Sie die Annäherungsübung fort, bis Ihre Hand unterhalb des Targetsticks auf gleicher Entfernung zum Tier ist wie der Targetstick. Der Vogel muss nun in den Targetstick kneifen, der über der Hand gehalten wird. Jackpot! Wiederholen Sie diese Übung mehrfach, da sie für einen scheuen Vogel besonders schwierig ist. Fahren Sie erst fort, wenn dieser Schritt wirklich flüssig und ohne zu zögern vom Vogel ausgeführt wird.

Schritt 3: Sitzhand vor den Vogel bringen

Nun nähern Sie Ihre Hand wieder schrittweise dem Vogel. Der Targetstick bleibt dabei weiterhin in der gleichen Position. Der Vogel muss sich nun ein wenig über die Hand recken, um an den Targetstick heranzukommen. Halten Sie hierbei die Hand mit der Handkante nach oben, so wie Sie sie später zum Aufsteigen halten werden. Fahren Sie damit fort, bis Ihre Hand so dicht vor dem Vogel ist, dass er auf sie aufsteigen könnte. Dabei sollte die Sitzhand höher als der Sitzplatz sein, auf dem der Vogel sich befindet. Es ist für ihn sehr viel leichter hoch-, als herunterzusteigen. Machen Sie ihm das Aufsteigen einfach, indem Sie die Hand so hinhalten, dass er wirklich bequem aufsteigen kann.

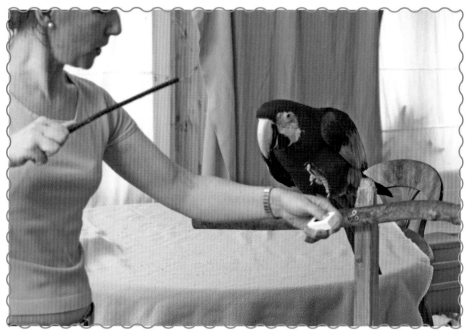

Scarlett nähert ihren Fuß vorsichtig der Sitzhand.

Schritt 4: Mit Targetstick Vogel über Hand locken

Nun werden die Bewegungsabläufe vertauscht. Ihre Sitzhand bleibt statisch, während Sie den Targetstick in Minischritten vom Vogel wegbewegen. Bald werden Sie mit dem Targetstick so weit von Ihrem Vogel entfernt sein, dass er sich bewegen muss, um noch an diesen heranzukommen. Schritt 4 sollte Sie und Ihren Papagei oder Sittich dahin bringen, dass er sich so weit über Ihre Hand streckt, wie er es kann, ohne bereits seinen Fuß auf Ihrer Hand abstützen zu müssen.

Schritt 5: Vogel berührt Sitzhand mit Fuß

Wenn Sie den Targetstick jetzt noch ein wenig mehr entfernen, wird der Vogel ihn nicht mehr erreichen können, ohne einen Fuß auf Ihre Hand zu setzen. Dies kostet einen scheuen Vogel einiges an Überwindung. Oft zeigt das Tier dann Übersprungsverhalten. Es läuft hin und her, fängt an sich zu putzen oder an den Krallen zu kauen.

Jetzt heißt es Geduld haben und sich dem Vogel gegenüber so entspannt wie möglich verhalten. So winzig dieser Schritt in der Realität ist, für Ihren Papagei oder

TIPP: ALLES IN EINER HAND

Spätestens zu diesem Zeitpunkt bekommen die meisten Trainer Koordinationsprobleme. Hatte man vorher noch zwei Hände, um Targetstick, Clicker und Leckerli zu handhaben, muss jetzt alles in einer Hand untergebracht werden, so dass die zweite Hand zum Aufsteigen frei ist und auch um unnötiges Herumgefuchtele mit der Sitzhand zu vermeiden, damit das Tier nicht irritiert wird.

Auch hier hilft das richtige „Gewusst-wie":

1. Halten Sie Ihre Clickerhand mit der Handfläche nach oben.

2. Klemmen Sie den Clicker zwischen Daumen und Zeigefinger, so dass Sie ihn mit dem Daumen mühelos betätigen können.

3. Legen Sie ein paar Leckerli auf Ihre Handfläche.

4. Schließen Sie Mittel-, Ring- und Zeigefinger so darüber, dass die Leckerli gleichzeitig versteckt und festgehalten werden.

5. Klemmen Sie den Targetstick zwischen Zeige- und Mittelfinger. Es ist wichtig, dass Sie den Zeigefinger zwischen Targetstick und Clicker halten. Er fungiert als Puffer, so dass das Auslösen des Clickers nicht auf den Targetstick übertragen wird. Die damit verbundene Vibration, die über den Targetstick direkt auf den Schnabel übertragen werden würde, könnte Ihr Vogel als unangenehm empfinden. Dies könnte das Erlernen der auf den Targetstick basierenden Übungen behindern.

6. Zur Belohnung brauchen Sie nur die Finger über den Leckerlis ein wenig anheben, damit Ihr Papagei oder Sittich sich eines nehmen kann.

Auch wenn es sich am Anfang ungewohnt anfühlt, werden Sie es bald sehr schätzen eine ganze Hand frei zu haben zum Aufsteigen, für Übungszubehör, zum Beweisfotos machen, usw.

1. Handfläche nach oben

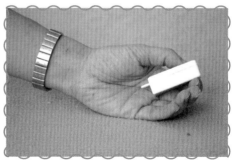

2. Clicker zwischen Daumen und Zeigefinger festklemmen

3. Leckerli auf Handfläche

4. Leckerli mit Fingern verdecken

5. Targetstick zwischen Zeige- und Mittelfinger feststecken

So geht es natürlich auch!

Sittich ist es ein gigantischer Schritt vorwärts. Achten Sie deshalb sehr nicht nur auf seine, sondern auch auf Ihre eigene Körpersprache. Beugen Sie sich nicht vor, oder gar über ihn. Starren Sie ihn auch nicht an. All dies könnte er als bedrohlich empfinden. Manchmal hilft es, sich ein wenig von ihm abzuwenden und ihn nicht direkt anzuschauen. Probieren Sie aus, was für Ihren Vogel am besten funktioniert und denken Sie daran nicht zu reden. Warten Sie circa dreißig Sekunden, bis der Vogel Zeit hatte nachzudenken und sich an die Situation zu gewöhnen. Passiert innerhalb dieser Zeit nichts, dann ist er noch nicht so weit. Er hat noch zuviel Angst und sollte nicht noch zusätzlich frustriert werden.

Gehen Sie in einem solchen Fall einfach mit dem Targetstick wieder ein wenig näher an den Vogel heran, auf eine Distanz, bei der er in den Targetstick hineinbeißen kann, ohne Sie berühren zu müssen. Das clicken und belohnen Sie natürlich. Wiederholen Sie dies ein paar Mal und gehen Sie dann wieder millimeterweise vorwärts. Der Vogel darf nicht überfordert werden. Verharren Sie nach jedem Minischritt und wiederholen Sie jede Übung so oft, bis er sie flüssig und entspannt durchführt.

Seien Sie geduldig! Verkneifen Sie es sich, ihn mit Futter zu locken oder sonstwie zu schummeln, damit es schneller geht. Damit erschweren Sie sich nur die nächs-

ten Schritte. Ein bisschen Geduld an dieser Stelle wird Ihnen später viel Zeit sparen. Ist Ihr Vogel dann so weit, dass er mit seinem Fuß Ihre Hand berührt, wird es knifflig. Clicken Sie ihn nicht erst, wenn er den Targetstick berührt hat, sondern für das Verhalten, das Sie eigentlich wollen, das Hand-mit-Fuß berühren. Der Targetstick ist nur das Werkzeug. Dies bedeutet allerdings nicht, dass Sie das Zwicken in den Targetstick jetzt nicht mehr belohnen. Nur wenn das gewünschte Verhalten zuerst gezeigt wird, bevor Ihr Vogel den Targetstick berührt, dann belohnen Sie ihn auf jeden Fall auch für das gewünschte Verhalten und nicht nur für das In-den-Targetstick-zwicken.

Zunächst mag Ihr Papagei oder Sittich ein wenig verwundert sein, aber er wird schnell lernen, dass nicht nur das In-den-Targetstick-zwicken geclickt wird, sondern anderes auch. Es bereitet ihn also zusätzlich auf Übungen vor, bei denen der Targetstick nicht zur Anwendung kommt.

Das Hand-mit-Fuß-berühren üben Sie so lange, bis es von Ihrem Papagei oder Sittich wirklich ganz problemlos durchgeführt wird.

Schritt 6: Vogel stellt einen Fuß auf die Sitzhand

Als nächstes muss der Vogel mit seinem Fuß die Hand nicht nur berühren, sondern

Scarlett stellt einen Fuß auf die Sitzhand.

er muss ihn auf sie stellen. Halten Sie dabei die Hand so stabil wie möglich damit Ihr Papagei oder Sittich beim Abstützen nicht verunsichert wird. Dann erst entfernen Sie den Targetstick noch etwas weiter von der Hand. Oft testen Vögel, bevor sie auf einen für sie ungewohnten Platz klettern, diesen erst einmal mit Ihrem Schnabel aus. Dies bedeutet nicht, dass der Vogel Sie beißt! Wenn Sie jetzt schreckhaft Ihre Hand wegziehen oder wackeln, lernt

der Vogel, dass dies kein sicherer Ort zum Aufsteigen ist. Entsprechend schwerer wird es sein, ihm beizubringen auf die Hand aufzusteigen. Also müssen Sie sie stillhalten! Manche Vögel müssen allerdings alles besonders gründlich untersuchen. Bei solchen Tieren kann das Austesten der Sitzgelegenheit Hand auch mit mehr oder minder kräftigem Knabbern oder sogar Zwicken verbunden sein. Das tut weh und es ist schwierig, dann noch stillzuhalten.

Max kann nicht in den gespannten Handrücken beissen.

Falls Ihr Vogel zu dieser Sorte gehört, können Sie Ihre Hand zur Faust ballen. Die Haut über dem Handrücken muss ganz gespannt sein. Oft bekommt man dies erst hin, wenn man zusätzlich zum Ballen der Faust, diese auch noch am Handgelenk vorwärts abknickt. In eine derartig gespannte Faust kann kein Vogel hinein beißen. Sie müssen allerdings darauf achten, dass er dann wirklich nur an Ihren Handrücken herankommt und nicht etwa seitlich in die Finger zwicken kann. Drehen Sie die Hand immer so, dass sein Schnabel nur an Ihren gespannten Handrücken herankommt. Mit ein bisschen Übung ist dies ganz einfach und Sie werden es bald automatisch machen. Diese Technik hat mir beim Umgang mit Problemvögeln schon manche schmerzhafte Wunden erspart.

Sobald Ihr Vogel seinen Fuß auf Ihre Hand stellt und sich damit abstützt, um an den Targetstick zu kommen, Jackpot! Auch diese Übung wiederholen Sie mehrfach.

Schritt 7: Vogel verlagert Gewicht auf den vorderen Fuß

Wenn Sie den Targetstick nun weiter entfernen, kommt der Punkt, an dem Ihr Tier sein Gewicht auf den vorderen Fuß verlagert, den er auf Ihrer Sitzhand hat. Auch dies verdient einen Jackpot. Noch wird Ihr Vogel sich in den meisten Fällen mit seinem anderen Fuß am Sitzplatz festkrallen

Scarlett hat ihr Gewicht völlig auf meine Hand verlagert, um den Targetstick zu erreichen.

oder zumindest den Kontakt halten, aber das macht nichts. Üben Sie einfach mehrfach das Gewicht zu verlagern, bis er dies furchtlos und ohne zu zögern durchführt.

Schritt 8: Vogel steht nur noch auf dem vorderen Fuß

Entfernen Sie wiederum den Targetstick ein wenig weiter von der Hand. Achten Sie auf den hinteren Fuß Ihres Vogels. Er wird diesen mit jeder Wegbewegung des Targetsticks ein wenig mehr vom Sitzplatz lösen, bis er diesen nicht mehr festhält, sondern nur noch mit einer Kralle oder gar nicht mehr berührt. Auch hierfür verdient Ihr Vogel einen Jackpot! Wiederholen Sie auch diesen Teil so oft, bis Ihr Tier den Ab-

lauf Fuß auf die Hand setzten, Gewicht verlagern, hinteren Fuß abheben, jedes Mal ganz flüssig durchführt, ehe Sie fortfahren. Denken Sie auch hier daran, nicht nur zu clicken, wenn Ihr Vogel in den Targetstick beißt, sondern bereits, wenn er seinen hinteren Fuß abhebt.

Schritt 9: Der Vogel geht mit beiden Füßen auf Ihre Hand

Der nächste Schritt besteht darin, den Targetstick soweit von der Hand zu entfernen, dass Ihr Tier sein ganzes Gewicht auf die Hand stellt. Dies kann verschiedene Formen annehmen. Entweder steht Ihr Vogel immer noch mit einem Bein auf Ihrer Hand und das andere steht in der Luft da-

Voilà! Scarlett steht stolz mit beiden Füßen auf meiner Hand. Finden Sie nicht, dass sie dafür einen Jackpot verdient hat?

neben, oder der zweite Fuß berührt die Hand ganz leicht, oder Ihr Vogel steht mit beiden Beinen auf der Hand. Egal was es ist, dies hat einen Jackpot verdient, denn es ist ein enormer Schritt, dass er sich Ihnen ganz anvertraut. Auch dies üben Sie so oft, bis es flüssig abläuft. Wenn Ihr Vogel seine erste Scheu verloren hat, können Sie das Aufsteigen auf die Hand dadurch unterstützen, dass Sie Ihre Hand, nachdem Ihr Vogel sie mit einem Fuß gegriffen hat, ganz leicht anheben und von ihm wegrollen. Dies hilft ihm, sein Gewicht zu verlagern. Wenn Sie dies jedoch zu früh machen, könnte er vor der sich bewegenden Hand Angst bekommen. Warten Sie damit also, bis er mutiger geworden ist.

Das in Kapitel 11 erläuterte „Ab"-Kommando zeigt Ihnen, wie Sie Ihren Vogel wieder problemlos von Ihrer Hand herunterbekommen. Es bietet sich an, beide Übungen, das „Auf"- und das „Ab"-Kommando nun parallel weiterzuüben.

Schritt 10: Targetstick ausschleichen

Wenn Ihr Vogel nun zügig und wirklich sicher jedes Mal auf Ihre Hand aufsteigt, können Sie den Targetstick ausschleichen. Dazu entfernen Sie ihn einfach immer weiter vom Vogel, bis dieser nicht mehr hineinzwicken kann. Dabei clicken Sie nur noch das eigentliche gewünschte Verhalten, also das Aufsteigen des Vogels auf Ihre Hand.

Am Anfang wird er noch auf den Targetstick schielen, aber in der Regel verstehen die Tiere sehr schnell, dass sie nun für etwas anderes belohnt werden. Bald haben Sie den Targetstick so weit entfernt, dass Ihr Vogel ohne diese visuelle Hilfe auf die Hand steigt. Verstecken Sie nun den Targetstick hinter Ihrem Rücken und versuchen Sie es ganz ohne. Wenn dies oder die Vorstufen dazu noch nicht klappen, gehen Sie einfach mit dem Targetstick wieder ein wenig näher an Ihren Vogel heran und wiederholen Sie die Übung.

Mit dem "Ab"-Kommando, einer Variante des "Auf"-Kommandos, wird das wöchentlicher Wiegen zur Gesundheitsvorsorge Ihres Tieres zum Kinderspiel. Carlo, der abnehmen musste, scheint kritisch sein Gewicht zu beäugen.

Schritt 11: Das Kommando wird hinzugesetzt

Wenn das Verhalten wirklich hundertprozentig sitzt, können Sie anfangen ein Kommando dazu einzuführen, z.B. „Auf". Auf keinen Fall sollten Sie das Kommando vorher versuchen einzusetzen. Sitzt das Verhalten noch nicht und Sie versuchen ein

Kommando einzuführen, lernt der Vogel lediglich, dass er das Kommando manchmal beachten kann, manchmal auch nicht.

Das ist aber nicht Sinn und Zweck eines Kommandos. Von einem Kommando sollte man erwarten, dass es mit Sicherheit jedes Mal befolgt wird. Jetzt sagen Sie vielleicht, dies sei Ihnen nicht so wichtig. Das mag sein, aber bedenken Sie, wie viel leichter Ihr gemeinsames Leben sein wird, wenn Ihr Vogel zuverlässig Kommandos befolgt, und dass diese ihm im Notfall auch das Leben retten könnten.

Um ganz sicher zu gehen, dass das Verhalten auch wirklich kommt, kann man am Anfang einen kleinen Trick anwenden. Dazu spricht man das Kommando aus, während das Tier bereits angefangen hat die Übung durchzuführen. In Falle des „Auf"-Kommandos würden Sie also genau in dem Moment, in dem Ihr Papagei oder Sittich auf die Hand aufsteigt, „Auf" sagen. Das Kommando sollte leise, und in einem freundlichen und aufmunternden Tonfall ausgesprochen werden. Auf keinen Fall sollte es im Kommandoton gebrüllt werden. Vögel reagieren ungemein stark auf Tonfälle. Es leise zu sagen genügt völlig. Ihr Vogel ist nicht taub und wir sind nicht auf dem Kasernenhof. Meiner Erfahrung nach kommt man mit freundlichen, aufmunternden Tonfällen bei Papageien ohnehin viel schneller zum Ziel als mit Kommandoton. Dies trifft übrigens auch auf Situationen zu, in denen der Vogel sehr erregt ist, Angst hat oder gar aggressiv wird. Lauter werden Ihrerseits macht alles nur noch schlimmer.

ANMERKUNG

In einem „Papageienhaushalt" gab es einen Brand und das Haus musste evakuiert werden. In dem Haus befand sich ein Papagei, dessen Besitzer nicht anwesend war. Eine Nachbarin wollte das Tier aus dem Haus holen, hatte aber Angst, da es sich um einen größeren Papagei handelte und sie so gut wie keine Erfahrung mit dem Tier hatte.

Aber sie hatte gesehen, wie Ihre Nachbarin den Papagei auf Kommando aufsteigen ließ. So nahm sie beherzt einen Stock, der bereit stand, hielt ihn mit dem „Auf"-Kommando vor den Vogel und konnte ihn damit in einen Transportkäfig setzen. Dies wäre ohne gutes und zuverlässiges Training nicht möglich gewesen und der Vogel wäre vermutlich zu Tode gekommen.

Scarlett knabbert Ihre wohlverdiente Belohnung.

Wiederholen Sie das Kommando jedes Mal, wenn Sie den Vogel auf die Hand nehmen. Nach einiger Zeit können Sie anfangen es vorzuverlagern. Also statt „Auf" zu sagen, wenn Ihr Vogel die Aktion bereits durchführt, sagen Sie es kurz vorher, beim Hinhalten der Hand. Dies geht aber erst dann, wenn Sie auch wirklich sicher sein können, dass der Vogel aufsteigen wird.

Schritt 12: Transferübungen

Sie haben nun das „Auf"-Kommando an einem Ort und in immer der gleichen Konstellation eingeübt. Natürlich möchten Sie, dass Ihr Papagei oder Sittich Ihnen ,unabhängig vom Ort, zuverlässig auf die Hand kommt. Das mag Ihnen sehr simpel erscheinen. Für Ihren Vogel ist es jedoch wie eine ganz neue Übung und muss auch als solche eingeübt werden. Da er bereits eine ganz ähnliche Übung kennt, wird er das „Auf"-Kommando an einem neuen Ort in der Regel sehr schnell lernen. Dazu suchen Sie sich einen neuen Übungsplatz. Dieser kann ein anderes Zimmer sein, in das Sie den Trainingssitz des Vogels stellen. Sie können aber auch einen anderen

Ausgangspunkt innerhalb desselben Zimmers wählen. Wenn Sie also vorher das „Auf"-Kommando von einer Stuhllehne geübt haben, dann versuchen Sie es jetzt vom Tisch, vom Käfig, vom Sofa oder wo auch immer.

Da jeder Vogel ein wenig anders reagiert, und man vorher nicht weiß, wie er auf die neue Situation ansprechen wird, hat es sich bewährt, die Übung komplett von vorne anzufangen, aber dabei sehr zügig vorzugehen. Gehen Sie einfach einen Übungsschritt nach dem anderen durch, bis Ihr Vogel anfängt zu zögern. Dies ist das Signal, dass er diesen Schritt als schwierig empfindet, nicht versteht, was er machen

soll oder Angst hat. Halten Sie sofort inne und wiederholen Sie den Übungsschritt mehrfach, bis Ihr Papagei oder Sittich diesen problemlos durchführt. Dann erst gehen Sie zum nächsten Schritt über. Oft ist der Knoten dann geplatzt und die restlichen Übungsschritte werden problemlos abgespult. Manchmal muss aber auch jeder nachfolgende Schritt eingehend geübt werden.

Seien Sie sensibel, üben Sie keinen Druck auf den Vogel aus und bleiben Sie entspannt und freundlich. In anderen Worten, helfen Sie ihm, Schritt für Schritt seine Übung zu meistern. Wenn er auch in dieser neuen Situation problemlos auf die Hand

Als Transferübung lernt Scarlett nun auf ein Stöckchen zu steigen.
1. Annäherung des Zielstöckchens

2. Scarlett stellt einen Fuß auf das Zielstöckchen

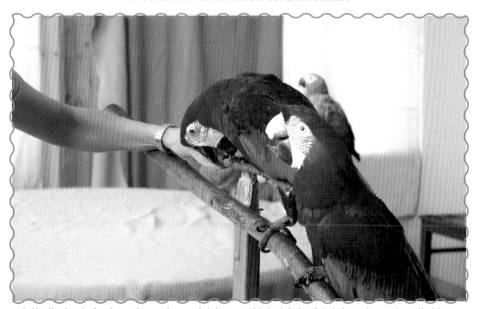

3. Um ihr das Aufsteigen ein wenig zu erleichtern, schiebe ich das Stöckchen ein wenig zu ihr hin...

. . . und hoch (oben links im Bild können Sie gerade noch den Targetstick sehen).

Somit hat Scarlett jetzt auch gelernt auf ein Stöckchen aufzusteigen
(ist es nicht süß, wie begeistert Jack ihr beim Training zuschaut?).

kommt, können Sie auch hier das gesprochene Kommando einführen. Anschließend wählen Sie wieder einen neuen Ort, eine neue Situation. Sie werden sehen, das Lernen geht von Mal zu mal leichter.

Natürlich kann eine neue Situation auch beinhalten, dass Ihr Vogel lernt auf andere Personen zu hören und ihnen auf die Hand zu steigen, oder auf andere Gegenstände, z.B. ein Stöckchen aufzusteigen. Sie können Ihren Vogel auch gut zwischen Ihren beiden Händen hin und her aufsteigen lassen.

Schritt 13: Den Clicker ausschleichen

Wenn die Übung jederzeit und an jedem Ort wirklich sitzt, ist es Zeit, den Clicker auszuschleichen. Dazu setzen Sie zunächst den Clicker nur bei jedem zweiten Mal ein, bei dem der Vogel die Übung durchführt. Anschließend verstärken Sie unregelmäßig: einmal nach zwei Übungen, dann wieder nach drei Übungen, manchmal auch zweimal hintereinander. Wann er belohnt wird, muss für den Vogel hierbei eine Überraschung bleiben. Deswegen ist es wichtig, dass Sie wirklich unregelmäßig verstärken. Diese Vorgehensweise nennt man auch variables Verstärken. Es festigt außerdem das Erlernte.

Vögel können zählen und erkennen Muster. Wenn Sie berechenbar agieren, tendieren viele Vögel dazu ein oder zwei Übungen sehr schlampig durchzuführen, da sie ja dafür nicht belohnt werden. Nur die zweite oder dritte Übung, von welcher der Vogel weiß, dass sie belohnt wird, würde er korrekt ausführen.

Erhöhen Sie nach und nach die maximale Anzahl der Aussetzer. Wenn der Vogel auch bei fünf Aussetzern noch gut reagiert, können Sie den Clicker ganz weglassen. Nachdem der Clicker ganz weggefallen ist, habe ich in der Praxis erfahren, dass das Verhalten zuverlässiger bleibt, wenn der Vogel jedes Mal, wenn er die Übung korrekt ausführt, auf irgendeine Weise belohnt wird. Das muss natürlich nicht immer ein Leckerli sein. Es reicht völlig, wenn Sie sich bei ihm bedanken, „Fein!" sagen, oder ihm ein Küsschen geben. Über ein Leckerli wird er sich natürlich auch immer wieder freuen.

Das Einüben des „Auf"-Kommandos dauert bei zweimal täglichem Üben in der Regel ein bis drei Wochen, je nachdem, wie zahm der Vogel bereits ist, wenn man anfängt zu üben und wie erfahren der Trainer ist. Denken Sie daran, dass das Training Ihnen und Ihrem Vogel Spaß machen sollte. Haben Sie Geduld und bleiben Sie gelassen, auch wenn es mal nicht so klappt, wie Sie es sich vorstellen. Die größten Trainingsdurchbrüche kommen oft nach einer Phase, in der gar nichts mehr zu funktionieren scheint.

TRAININGSPLAN – DAS „AUF"-KOMMANDO

Trainingsziel
Der Vogel soll auf Kommando auf die Hand aufsteigen

Trainingsmethode
Der Vogel wird mit dem Targetstick auf die Hand gelockt

Voraussetzungen
Die Targetstick-Übung muss sicher sitzen

Übungsaufbau
Vogel – Targetstick – Hand auf Komfortabstand

Vorgehensweise

1. **Abstand Hand zu Targetstick verringern**

2. **Hand unter Targetstick**

3. **Sitzhand vor den Vogel bringen**

4. **Mit Targetstick Vogel über die Hand „ziehen"**

5. **Vogel berührt Hand mit vorderem Fuß**

6. **Vogel stellt einen Fuß auf die Hand**

7. **Vogel verlagert Gewicht auf vorderen Fuß**

8. **Vogel steht nur auf vorderem Fuß**

9. **Vogel geht mit beiden Füßen auf Ihre Hand**

10. **Targetstick ausschleichen**

11. **Kommando wird hinzugesetzt**

12. **Transferübungen**

13. **Clicker ausschleichen**

10. Das Trainings-tagebuch

Manchmal ist man im Training frustriert und hat das Gefühl, man kommt überhaupt nicht weiter. In diesen Situationen, die auch dem erfahrensten Trainer hin und wieder passieren, ist ein Trainingstagebuch Gold wert.

In ihm kann man nachlesen, wie die verschiedenen Übungen nach und nach erlernt wurden. Dabei merkt man erfreulicherweise meistens, dass man mit dem Tier bereits einen ganz schön weiten Weg zurückgelegt hat. Dies hilft ungemein, den Frust im Zaum zu halten und aufs Neue motiviert zu werden.

Es hilft aber auch zu identifizieren, wo möglicherweise die Blockade herrühren könnte, ob sie z.B. immer in bestimmten Situationen entsteht. Je mehr Details Sie im Trainingsjournal festhalten, desto wertvoller wird dieses Werkzeug. Vielleicht stellen Sie fest, dass Ihr Tier immer nach dem Besuch der Schwiegermutter zu gar nichts zu gebrauchen ist, oder dass es dann besonders gut lernt. Vielleicht reagiert es auf Vollmond, Musik, Tageszeit oder Temperatur? Dies werden Sie meistens nur zuverlässig feststellen können, wenn Sie dies niederschreiben, da solche Muster sich über einen Zeitraum abzeichnen und nur so erkannt werden können.

Das Format eines Trainingsjournals bleibt Ihnen überlassen. Manche schreiben die Einträge stichpunktartig in eine Kladde, oder auf lose Zettel, die abgeheftet werden können. Andere schreiben ihre Erfahrungen und Rückschläge in ein Internetforum. Der Vorteil von letzterem ist, dass man viel Feedback bekommt. Zum einen wird man von seinen Mitstreitern gelobt, was auch für den Trainer ungemein motivierend ist. Zum anderen sehen viele Augen mehr als zwei. Oft fallen anderen, die ein wenig mehr Distanz zu Ihrem Training haben als Sie, Eigenheiten auf, die Sie nicht bemerken. Das kann sehr hilfreich sein. Auch bei Blockaden fallen einer

Gruppe Gleichgesinnter oft zusätzliche wirkungsvolle Lösungsmöglichkeiten ein. Zu guter Letzt hilft einem ein derartiges Forum zur Disziplin. Postet man längere Zeit nichts, meldet sich mit Sicherheit der eine oder andere Leser, der wissen möchte, wie und ob es nun mit Ihrem Training weitergegangen ist. Für die Leser dieses Buches stelle ich ein solches Internetforum auf meiner Homepage zur Verfügung: www.annsworld.de.

Als Anregung finden Sie auf den nächsten zwei Seiten je eine Vorlage für Ihr Trainingstagebuch und für Ihre Trainingspläne. Wenn Sie möchten, können Sie die Seite aus dem Buch trennen und vervielfältigen.

www.annsworld.de

Trainingstagebuch

Datum / Uhrzeit: _____ / _____   Trainingsziel: _____

Geübter Trainingsschritt: _____

Was gut funktionierte: _____

_____

_____

Was besser sein könnte: _____

_____

_____

Besonderheiten: _____

_____

Drei Dinge, über die ich mich besonders gefreut habe:

1. _____

2. _____

3. _____

Nächster Trainingsschritt: _____

Augenmerk für nächstes Training: _____

Trainingsplan für _____

Trainingsziel: _____

Trainingsmethode: _____

Voraussetzungen: _____

Übungsaufbau: _____

Vorgehensweise (Trainingsschritte):

_____

_____

_____

_____

_____

_____

_____

(ggfls. weitere Trainingsschritte auf einem zusätzlichen Blatt Papier aufführen)

Kommando wird hinzugesetzt

Transferübungen

Clicker ausschleichen

11. Weitere Übungen mit dem Targetstick

Nachdem in Kapitel 9 die Erstellung und das Einüben eines Trainingsplans detailliert erläutert wurde, sind Sie jetzt prinzipiell in der Lage in Eigenregie Trainingspläne zu kreieren und einzuüben.

Am leichtesten erlernen Sie dies, indem Sie einfach selbst damit anfangen Trainingspläne zu erstellen und auszuprobieren.

Als Hilfestellung finden Sie nachfolgend Trainingsplanvorlagen für verschiedene Basisübungen mit dem Targetstick. Nachdem Sie jeweils Ihren eigenen Trainingsplan für die Übung erstellt haben, können Sie ihn mit der Vorlage vergleichen. Je nach Ihren eigenen Trainingsstärken und -schwächen und denen Ihres Tieres, werden Sie unterschiedliche Schwerpunkte gesetzt haben. Das ist vollkommen richtig. Die hier vorgestellten Trainingspläne müssen schließlich jede Eventualität berücksichtigen, unabhängig davon, ob sie für jeden einzelnen von Ihnen jeweils relevant ist oder nicht. Stellen Sie sich dennoch bei jeder Abweichung die Frage, warum Ihr Trainingsplan von der Vorlage differiert. Wurde etwas übersehen? Oder haben Sie sich ganz bewusst für eine bestimmte Vorgehensweise entschieden. Warum? Wieso funktioniert die eine Variante Ihres Erachtens besser als die andere? Haben Sie genügend Übungsschritte eingeplant? Oder haben Sie die einzelnen Schritte möglicherweise zu groß gewählt – einer der häufigsten Anfängerfehler? Seien Sie kritisch mit Ihren, aber auch mit meinen Trainingsplänen. So lernen Sie am meisten daraus.

Haben Sie die Trainingspläne abgeglichen und jeden einzelnen Übungsschritt festgelegt, sollten Sie die gesamte Übung noch einmal im Geiste durchgehen, bevor Sie anfangen mit Ihrem Papagei oder Sittich zu üben. Achten Sie insbesondere auf mögliche Schwierigkeiten und überlegen

Sie sich, wie Sie in jedem Fall reagieren werden, oder was Sie tun können damit diese Schwierigkeit gar nicht erst auftritt. Zu guter Letzt, bevor Sie anfangen, man kann es gar nicht oft genug wiederholen, seien Sie geduldig, machen Sie es Ihrem Tier leicht Erfolg zu haben und denken Sie daran, dass jeder Click und Belohnung „Bargeld" auf Ihrem Trainingskonto ist.

„Ab"-Kommando

Das „Ab"-Kommando erlaubt Ihnen, Ihren Vogel jederzeit auf einen von Ihnen gewählten Sitzplatz abzusetzen. Wenn Sie gerade dabei sind Ihren Vogel zu zähmen, mag es Ihnen derzeit wie das geringste Problem erscheinen, dass Sie Ihn nicht mehr loswerden könnten. Aber auch der Tag wird kommen, an dem Sie Ihren Vogel mal eben schnell irgendwo absetzen müssen und er nicht will.

Natürlich passiert dies immer dann, wenn Sie es besonders eilig haben. Es hat an der Haustür geklingelt; oder Sie müssen dringend zur Arbeit; oder Sie möchten Ihren Vogel in die Transportbox setzen, weil Sie einen Termin beim Tierarzt haben. Nachdem Sie einige Male mit Ihrem Vogel „Limbo" getanzt haben, um ihn von sich herunterzubekommen, während er un-

gestört irgendwo auf Ihrem Rücken herumkriecht, wo Sie nicht an ihn herankommen können – was er natürlich weiß –, wird das „Ab"-Kommando auf einmal doch ungemein sinnvoll erscheinen.

Warum nicht das „Auf"-Kommando nutzen?

Auch wenn das „Ab"-Kommando dem „Auf"-Kommando stark ähnelt, sollte es unbedingt als separates Kommando eingeübt werden, um Ihren Vogel nicht durcheinander zu bringen. Wenn Sie den Vogel mit dem „Auf"-Kommando auf Ihre Hand genommen haben und ihn jetzt mit dem gleichen Kommando versuchen an einer anderen Stelle abzusetzen, wird er meist verwirrt reagieren, da er ja nicht auf Ihre Hand aufsteigen kann, wenn er bereits darauf sitzt. Das „Auf"-Kommando benutzen wir deshalb immer in Bezug zu uns. Also, der Vogel steigt auf unsere Hand oder auf einen Stock, den wir halten. Das „Ab"-Kommando führt den Vogel von uns weg. Es ist eine Kleinigkeit, macht es aber dem Vogel viel leichter zu verstehen, was wir von ihm wollen.

Trainingsziel

Der Vogel soll auf Kommando auf einen Sitzplatz Ihrer Wahl absteigen. Um Verwechslungen auszuschließen, nennen wir dies im Trainingsplan den „Zielsitzplatz" und den, auf dem der Vogel sich befindet, den „Ausgangssitzplatz".

Trainingsmethode

Der Vogel wird mit dem Targetstick auf einen Sitzplatz gelockt. Im Grunde genommen ist diese Übung die Umkehrung des „Auf"-Kommandos.

Voraussetzungen

Die Targetstickübung muss sicher sitzen. Das „Auf"-Kommando sollte ebenfalls sicher sitzen.

Übungsaufbau

Der Vogel wird auf der Hand oder einer Sitzstange vor den Zielsitzplatz gehalten. Wie bei der „Auf"-Übung ist der Platz, auf den der Vogel aufsteigen soll, höher zu halten, als der, auf dem das Tier sitzt, damit es mit Leichtigkeit darauf aufsteigen kann. Hinter den Zielsitzplatz halten Sie den Targetstick. Möchten Sie das Absteigen auf einen ungewohnten Zielsitz-

Übungsaufbau: Tina wird, etwas niedriger als der Zielsitzplatz, direkt vor ihn gehalten. Der Targetstick befindet sich auf der anderen Seite.

platz üben, vor dem Ihr Vogel möglicherweise noch Angst hat, dann üben Sie bitte zuerst die Annäherung, wie in der „Auf"-Kommandoübung beschrieben. Fangen Sie also im Komfortabstand mit der Übung an und nähern Sie sich Schritt für Schritt.

Vorgehensweise

Eventuell sollte zuerst die Annäherung an den Zielsitzplatz geübt werden.

Schritt 1. Der Vogel wird mit dem Targetstick über den Zielsitzplatz gelockt

„Ziehen" Sie Ihren Vogel, genau wie in der „Auf"-Übung beschrieben, mit Hilfe des Targetsticks so weit über den Zielsitzplatz, dass er gerade noch sitzen bleiben kann, sich aber über den Zielsitzplatz herüber strecken muss, um an den Targetstick heranzukommen. Dies üben Sie mehrfach, bis es ganz einfach geht.

Lily testet den Zielsitzplatz mit ihrem Schnabel, um sicherzugehen, dass er auch wirklich stabil ist.

Schritt 2. Der Vogel berührt den Zielsitzplatz mit seinem Fuß

Dann entfernen Sie den Targetstick noch ein wenig weiter, so dass Ihr Vogel einen Fuß auf den Zielsitzplatz stellt oder diesen zumindest damit berührt.

Schritt 3. Der Vogel verlagert sein Gewicht auf den Fuß, den er auf den Zielsitzplatz gesetzt hat

Weitere sukzessive Entfernungen des Targetsticks bewirken, dass der Vogel sein Gewicht auf den Fuß, mit dem er den Zielsitzplatz berührt, verlagert.

Schritt 4. Der Vogel steht ganz auf dem Fuß, den er auf den Zielsitzplatz gesetzt hat

Wenn Sie nun den Targetstick Stückchen für Stückchen noch weiter entfernen, wird der Vogel seinen hinteren Fuß vom Ausgangssitzplatz abheben. Je nachdem, was Sie als Ausgangs- und als Zielsitzplatz gewählt haben, können Sie diesen Schritt unterstützen: Lassen Sie den Ausgangssitzplatz vorsichtig ein wenig nach unten sacken. Wird der Ausgangssitzplatz unsi-

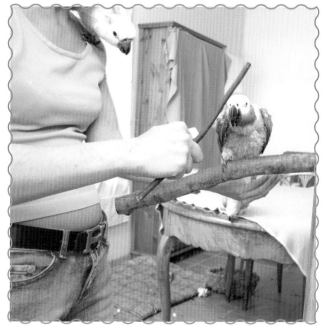

Nachdem Lily einen Fuß auf den Zielsitzplatz gesetzt hat, nehme ich vorsichtig die Hand nach unten. Dies hilft Lily ihr Gewicht zu verlagern. Tina schaut von meiner Schulter aus zu.

cherer, erscheint dem Vogel der stabiler wirkende Zielsitzplatz geeigneter als Sitzplatz. Aber gehen Sie behutsam vor. Sie wollen Ihren Papagei oder Sittich dabei nicht erschrecken. Außerdem können Sie, wenn dies mit Ihrem Übungsaufbau möglich ist, den Ausgangssitzplatz ein wenig zum Zielsitzplatz hinrollen. Eine weitere Möglichkeit ist, dass Sie den Zielsitzplatz etwas höher heben. Achten Sie dabei darauf, dass Sie Ihrem Vogel nicht seinen Fuß unter sich wegziehen, sondern heben Sie den Zielsitzplatz ein wenig zum Vogel hin, damit sein Schwerpunkt über den Zielsitzplatz verlagert wird.

Geschafft! Lily steht mit beiden Füßen auf dem Zielsitzplatz.

Schritt 5. Der Vogel geht mit beiden Füßen auf den Zielsitzplatz

Wenn Ihr Vogel sein Gewicht komplett auf den Zielsitzplatz verlagert hat, stellt er meist von selbst den zweiten Fuß dazu. Wenn nicht, locken Sie ihn mit dem Targetstick noch ein wenig weiter vorwärts oder vergrößern Sie die Distanz zwischen Ausgangs- und Zielsitzplatz.

Schritt 6. Targetstick ausschleichen

Dies führen Sie genauso durch, wie in der „Auf"-Kommando-Übung beschrieben.

Schritt 7. Das Kommando wird hinzugesetzt

Wie im „Auf"-Kommando beschrieben.

Schritt 8. Transferübungen

Üben Sie das Absetzen auf den verschiedensten Gegenständen und Orten und auch nach Möglichkeit mit anderen Personen. Das ist im täglichen Leben sehr praktisch, wenn man z.B. die Arbeitshand schnell frei benötigt. Zusätzlich können Sie üben, den Vogel in den Käfig oder in eine Transportbox zu setzen.

Schritt 9. Den Clicker ausschleichen

Dies führen Sie genauso durch, wie in der „Auf"-Kommando-Übung beschrieben.

„Komm"-Kommando (Zuflug)

Das „Komm"-Kommando ist eine Weiterentwicklung des „Auf"-Kommandos. Es ist ungemein praktisch, einen Vogel rufen zu können, anstatt ihm quer durch die Wohnung hinterherlaufen- und klettern zu müssen, um ihn auf die Hand zu bekommen. Wenn das „Komm"-Kommando gut sitzt, vermeiden Sie damit auch, den Vogel jagen zu müssen.

Trainingsziel

Ihr Vogel soll auf Zuruf auf Ihre Hand fliegen. Wahlweise können Sie das Tier natürlich auch auf ein Stöckchen fliegen lassen.

Trainingsmethode

Ihr Vogel wird mit dem Targetstick auf einen Sitzplatz gelockt, der nicht durch Klettern erreichbar ist.

Voraussetzungen

Das „Auf"-Kommando muss gut gelernt sein. Das Tier darf keine Angst vor Ihrer Hand oder dem gewählten alternativen Zielsitzplatz haben. Die Targetstickübung muss sehr zuverlässig sitzen. Hat das Tier Angst oder zögert es auch nur dem normalen „Auf"-Kommando in Bezug auf den Zielsitzplatz zu folgen, auch wenn es das „Auf"-Kommando normalerweise beherrscht, müssen Sie mit ihm zuerst das „Auf"-Kommando auch für diesen Zielsitzplatz üben, bis es flüssig abläuft.

Übungsaufbau

Ihr Vogel sitzt auf einem Sitzplatz. Sie halten Ihre Hand soweit entfernt vor ihn, dass er gerade noch aufsteigen kann. Den Targetstick halten Sie hinter die Hand.

Vorgehensweise

Schritt 1. Der Vogel steigt mit Hilfe des Targetsticks auf die Hand

Auch wenn die „Auf"-Übung mittlerweile sicher ohne Targetstick ausgeführt wird, lassen Sie den Vogel für die „Komm"-Übung beim Aufsteigen wieder in den Targetstick beißen. Er soll auf diesen so fokussiert sein, dass er bereit ist auf Ihre Hand zu springen bzw. zu fliegen, um an den Targetstick heranzukommen. Das Kommando „Auf" sagen Sie bei dieser Übung nicht, da es den Vogel verwirren würde.

Schritt 2. Der Vogel springt über einen sehr geringen Abstand auf die Hand

Entfernen Sie Ihre Hand so weit vom Vogel, dass er gerade nicht mehr aufsteigen kann, sondern einen kleinen Hüpfer ma-

Hector - zum Sprung bereit

das Training ungemein mühsamer. Wie so oft beim Training gilt: „Mit kleinen Schritten kommt man schneller zum Ziel" und „Machen Sie es Ihrem Vogel einfach Erfolg zu haben".

Manchen Vögeln fällt selbst solch ein kleiner Hüpfer schwer, ist dies doch etwas ganz Anderes, als mit dem Fuß aufzusteigen. In einem solchen Fall wird Ihr Vogel wahrscheinlich mit Übersprungshandlungen reagieren, wie z.B. auf der Sitzstelle hin- und herlaufen, Gefieder putzen, usw. Seien Sie geduldig und warten Sie einen Moment, ob er sich nicht doch ein Herz fasst. Falls nicht, hilft es diesen Vögeln, sie mit Hilfe des Targetsticks aufsteigen zu lassen und die Hand millimeterweise immer mehr zu entfernen, bis sie wirklich, unter Zuhilfenahme des Schnabels, klettern müssen. Das hilft Ihnen vom einfachen Aufsteigen umzudenken. Die meisten kommen aber mit dem Schritt, so wie beschrieben, sehr gut zurecht.

chen muss, um auf Ihre Hand zu kommen. Dann lassen Sie ihn ein paar Mal ganz normal in den Targetstick zwicken, damit er auch wirklich darauf fokussiert ist.

Als nächstes halten Sie den Targetstick so, dass Ihr Papagei oder Sittich ihn nur von der Hand aus berühren kann. Auf die Hand kann er aber nur durch einen winzigen Hüpfer kommen. Ein Hüpfer fällt vielen Vögeln zunächst leichter, als direkt auf die Hand zu fliegen. Außerdem erreicht man dadurch, dass der Vogel eine sehr offensichtliche Möglichkeit hat, was er tun kann, um eine Belohnung zu bekommen. Ist die Entfernung zu groß, kann es passieren, dass Ihr Vogel nicht versteht, was er tun soll und statt auf Ihre Hand zu fliegen lieber ein paar Runden dreht. Das macht

Wenn Ihr Vogel erfolgreich auf Ihre Hand gehüpft ist, üben Sie dies, natürlich nach der Gabe eines dicken Jackpots, so lan-

Hector - Abflug und Landung

Bacardi landet auf Kommando auf einem Ast.

ge, bis er ohne zu zaudern springt, wenn Sie ihm die Hand hinhalten.

Schritt 3. Sprungabstand vergrößern

Als nächstes vergrößern Sie zentimeterweise den Abstand zu Ihrer Hand. Wie immer vertiefen Sie die Übung bei jedem Abstand, bis sie flüssig abläuft. Erst dann entfernen Sie die Hand weiter. Bei dieser Übung wird Ihr Vogel zunächst weiterhin springen, dann wird er mit den Flügeln kurz schlagen, um seinen Sprung zu unterstützen und zum Schluss wird er die Strecke fliegen. Wenn er so weit ist, verändern Sie den Abstand immer wieder, mal kürzer und mal länger, bis er bei jedem Abstand sofort auf Ihre Hand fliegt.

Schritt 4. Targetstick ausschleichen

Anschließend schleichen Sie den Targetstick aus, wie bereits in der Anleitung zum „Auf"-Kommando beschrieben.

Schritt 5. Das Kommando wird hinzugesetzt

Wenn die Übung gut geübt ist und das Verhalten mit hundertprozentiger Sicherheit gezeigt wird, setzen Sie das Kommando hinzu, wie in der Anleitung zum „Auf"-Kommando erläutert

Schritt 6. Transferübungen

Zu guter Letzt üben Sie das „Komm"-Kommando an allen möglichen Orten wie in der Anleitung zum „Auf"-Kommando erläutert. Denken Sie unbedingt daran, das „Komm"-Kommando auch von unterschiedlichen Höhen zu üben. Ihr Vogel sollte lernen von unten, z.B. vom Fußboden, zu Ihnen hoch, aber auch von oben, z.B. von einem Schrank oder einem Deckensitz zu Ihnen herunter zu fliegen. Eine der schwierigsten Situationen beim Wiedereinfangen von entflogenen Vögeln ist es, diese dazu zu bewegen von großen Höhen, z.B. von einem Baum herunter zu fliegen. Dies liegt daran, dass die Tiere mit solchen Höhen in der Wohnung meist keine Erfahrung machen konnten und schlichtweg Angst haben. Falls Sie also die Möglichkeit haben mit Ihren Vögeln das Herunterfliegen von großen Höhen, sei es in einem Treppenhaus oder von einer Galerie, zu üben, dann sollten Sie diese Möglichkeit unbedingt wahr nehmen. Desweiteren können Sie die „Komm"-Übung dahingehend ausbauen, dass Ihr Vogel lernt von Person zu Person zu fliegen. Dabei ruft jede Person, dem Vogel jeweils „Komm!" zu. Sie können Ihrem Vogel sogar beibringen mit ihm fangen zu spielen. Ein Heidenspaß für Sie beide!

Schritt 7. Den Clicker ausschleichen

Dies führen Sie genauso durch, wie in der „Auf"-Kommando-Übung beschrieben.

Spaß-Übungen mit dem Targetstick

Auch wenn „Benimm"-Übungen für das Zusammenleben mit Papageien und Sittichen sicherlich die wichtigsten Übungen sind, so macht es doch einfach Spaß und ist eine gute Beschäftigungstherapie für Ihre Vögel ihnen „just for fun", also reine Spaßübungen, beizubringen. Beispielhaft stelle ich Ihnen hier Trainingspläne für zwei dieser Übungen vor.

Im Kreis drehen

Trainingsziel

Der Vogel soll sich auf Kommando um die eigene Achse drehen. Wenn Sie möchten, können Sie diese Übung als ein Basismodul zum „Bird-Dancing" nehmen.

Trainingsmethode

Sie benutzen den Targetstick, um Ihrem Vogel einen Bewegungsablauf beizubringen.

Voraussetzungen

Die Targetstickübung muss sitzen.

Auch diese Übung lernen Jack und Scarlett gemeinsam.

Übungsaufbau

Ihr Vogel sitzt entspannt auf seinem Übungsplatz, einem Tisch oder einer Sitzstange.

Die Übung können Sie im und gegen den Uhrzeigersinn einüben. Beide Varianten müssen Sie allerdings getrennt einüben und auf unterschiedliche Kommandos setzen, damit der Vogel nicht verunsichert wird und Sie einen sauberen Übungsablauf hinbekommen.

Vorgehensweise

Ihr Vogel beißt in den Targetstick, den Sie direkt vor seinen Schnabel halten.

Schritt 1. Targetstick zur Seite

Sie halten den Targetstick seitlich vom Vogel so nah an seinen Körper, dass er keinen Schritt zur Seite machen muss, um an den Targetstick heranzukommen, sondern nur den Kopf ein wenig zu drehen braucht.

Schritt 2. Schrittweises Vorbeiführen des Targetsticks entlang des Vogels in Richtung Schwanz

Nach und nach ziehen Sie den Targetstick immer weiter seitlich in geringem Abstand zum Körper in Richtung Schwanz. Der Targetstick muss dabei so nah am Körper des Vogels sein, dass dieser nicht zur Seite

Jack vollendet die zweite Hälfte der Drehung.

gehen muss, um in den Targetstick hinein kneifen zu können. Allerdings soll der Targetstick auch nicht so nahe am Tier geführt werden, dass es keinen Bewegungsraum mehr hat. Kopfabstand ist meist eine recht gute Arbeitsentfernung.

Je weiter Sie den Targetstick nach hinten führen, desto mehr wird der Vogel sich umdrehen müssen. Meist erreicht er dies ziemlich lange durch Verdrehen des Körpers. Wenn der Targetstick fast auf der Rückseite der Sitzstange angekommen ist, ist meist der Zeitpunkt gekommen, in dem der Vogel auch mit den Füßen anfängt sich herumzudrehen.

Spätestens dann sollte er mal wieder einen ordenlichen Jackpot bekommen. Diese 180°-Drehung sollten Sie so oft üben, bis sie flüssig abläuft. Der zweite Teil der Drehung ist nichts anderes als noch einmal 180°, diesmal von hinten wieder nach vorne.

Schritt 3. Targetstick ausschleichen

Bei dieser Übung geht das Targetstick-Ausschleichen am besten nach oben. Wenn Sie versuchen den Targetstick seitlich zu entfernen, wird der Vogel nämlich versuchen ihm zu folgen. Nach oben kann er dies jedoch nicht.

Der Targetstick wird nach oben ausgeschlichen.

Schritt 4. Das Kommando wird hinzugesetzt

Das Kommando fügen Sie hinzu, wie in der Anleitung zum „Auf"-Kommando bereits erläutert.

Schritt 5. Transferübungen

Diese Übung können Sie nun an verschiedenen Orten, z.B. Tisch, Sofa, Käfig, und in verschiedenen Situationen üben, z.B. vor Besuchern.

Schritt 6. Den Clicker ausschleichen

Dies führen Sie genauso durch, wie in der „Auf"-Kommando-Übung beschrieben.

Rolle vorwärts

Trainingsziel

Der Vogel soll sich auf Kommando um einen Sitzast drehen. Auch dies ist eine geeignete Übung zum „Bird-Dancing". Statt um einen Sitzast könnte Ihr Vogel später lernen, sich, je nach Größe, um Ihren Finger oder um Ihren Arm zu drehen.

Trainingsmethode

Sie benutzen den Targetstick, um Ihrem Vogel einen Bewegungsablauf beizubringen.

Voraussetzungen

Die Targetstickübung muss sitzen.

Übungsaufbau

Sie benötigen einen Sitzast, der seitlich frei ist, so dass Sie in der Lage sind den Targetstick ganz um diesen herumzuführen. Am besten eignet sich ein T-Stand. Für einen Rechtshänder würde der Vogel dann auf der rechten Hälfte des „T" sitzen, das zur rechten Seite hin völlig ungehinderten Zugriff erlaubt. Der Sitzast sollte einen so kleinen Durchmesser haben, dass Ihr Vogel ihn bequem umgreifen kann, so dass er einen wirklich guten Halt hat, auch wenn er mit dem Kopf nach unten hängt.

Vorgehensweise

Ihr Vogel beißt in den Targetstick, den Sie direkt vor seinen Schnabel halten

Schritt 1. Targetstick nach unten führen

Sie halten den Targetstick etwas entfernt zum Vogel vor seinen Schnabel nach unten. Ist der Targetstick zu nah am Vogel kann dieser nicht manövrieren. Ist er zu weit vom Vogel entfernt,

lässt sich keine flüssige Rolle erzielen, da der Vogel sich zuerst kopfüber nach unten hängen lassen muss, um an den Targetstick heranzukommen, um dann auf der anderen Seite wieder hoch zu klettern.

Am besten funktioniert es, wenn der Targetstick in einem Radius um die Sitzstange geführt wird, der ungefähr dem Abstand

Hector streckt sich nach unten.

zwischen Sitzstange und Vogelrücken in der Sitzposition entspricht. Manche Vögel kommen besser mit ein wenig mehr Abstand, manche mit geringerem Abstand zurecht. Was für Ihren Vogel am besten funktioniert, erfahren Sie durch Variieren des Abstandes.

Ziehen Sie nun den Targetstick langsam nach unten um den Sitzast herum, soweit Ihr Vogel ihm folgen kann ohne mit den Füßen umgreifen zu müssen. Dies ist in der Regel eine Position in der sein Kopf sich unterhalb der Sitzstange befindet. Ist solches Klettern für ihn ungewohnt, muss Ihr Papagei oder Sittich erst den Mut dazu und die Erfahrung darin finden. In dem Fall, machen Sie einfach langsam mit kleinen Schritten weiter, so wie bei den anderen Übungen auch.

Hector rollt sich unter den Sitzast.

Schritt 2. Targetstick an der Rückseite wieder hoch führen

Haben Sie Ihren Vogel so weit, dass er sich problemlos unter die Sitzstange streckt, um in den Targetstick zu zwicken, können Sie diesen an der Rückseite der Sitzstange langsam hochziehen.

Damit Ihr Vogel dem Targetstick weiter folgen kann, muss er mit den Füßen umgreifen. Wenn Sie an dieser Stelle zu schnell vorwärts gehen und den Abstand des Targetsticks zu schnell vergrößern, wird Ihr Vogel möglicherweise versuchen, an der Seite wieder hochzugehen, an der er heruntergekommen ist, um von oben in den Targetstick hineinzuzwicken. Achten Sie deshalb unbedingt darauf wirklich nur mit geringen Schritten vorwärts zu gehen, damit der Vogel den Targetstick stets unmittelbar vor seinen Augen hat.

Hector greift mit Hilfe seines Schnabels um.

Targetstick hinter sich beißen. Sind Sie jedoch zu langsam, wird die Rolle nicht zum flüssigen Bewegungsablauf. Dies üben Sie so lange bis Ihr Vogel sich zügig und zuverlässig um den Sitzast rollt.

Schritt 4. Targetstick ausschleichen

Bei dieser Übung geht das Targetstick-Ausschleichen ganz einfach. Entfernen Sie den Targetstick immer weiter von der Drehachse und clicken und belohnen Sie Ihren Vogel, sobald er wieder oben auf dem Sitzast angekommen ist, bevor er dazu kommt in den Targetstick zu beißen.

Schritt 3. Die Rolle

Wenn der Weg nach unten und der Weg wieder nach oben gut geübt sind und zügig ablaufen, hat der Vogel sich im Prinzip einmal um seinen Sitzast gerollt auch wenn es noch „zerhackt" aussieht. Als nächstes geht es also darum diesen Ablauf flüssiger zu gestalten. Dazu ziehen Sie den Targetstick im Kreis, in einer Geschwindigkeit, bei der Ihr Vogel gut folgen kann, um den Sitzast herum.

Beobachten Sie Ihren Vogel sehr genau, damit Sie weder zu schnell noch zu langsam vorgehen. Wenn Sie hierbei zu schnell sind, wird Ihr Vogel sich lediglich auf dem Sitzast herumdrehen und in den

Hector hilft mit seinen Flügeln nach, um wieder nach oben zu kommen.

Schritt 5. Das Kommando wird hinzugesetzt

Das Kommando fügen Sie hinzu, wie in der Anleitung zum „Auf"-Kommando bereits erläutert.

Schritt 6. Transferübungen

Wenn die Übung sehr gut sitzt, können Sie üben, den Vogel anstatt um einen Sitzast um Ihren Finger oder Arm oder um den von Freunden rollen zu lassen.

Schritt 7. Den Clicker ausschleichen

Dies führen Sie genauso durch, wie in der „Auf"-Kommando-Übung beschrieben.

. . . herum . . .

Transferübung Rolle um die Hand:
. . . nach unten . . .

. . . und wieder nach oben

12.

Übungen mit Gegenständen

Auch wenn der Targetstick ein enorm hilfreiches Trainingswerkzeug ist, kann oder muss man nicht jede Übung mit dem Targetstick beibringen.

Außer den Targetstick-Übungen gibt es solche, die man wahlweise mit oder ohne den Targetstick einüben kann, wie z.B. in die Transportbox oder in den Käfig gehen, und es gibt Übungen, die man ganz ohne den Targetstick trainiert. Als erste Übungen ohne den Targetstick eignen sich besonders gut Übungen mit Gegenständen.

Dies können „witzige" Übungen sein, die lediglich der Beschäftigung dienen, wie „Eimerchen hochziehen", aber auch nützliche Übungen, wie „Aus", „Weg Da" und „Weg Davon". Diese sollten zum Basis-Repertoire jedes in der Wohnung gehaltenen Papageis oder Sittichs gehören und werden nachfolgend erläutert.

„Aus"-Kommando

Das „Aus"-Kommando ist besonders bei kleinen gefiederten Dieben hilfreich, die alles klauen, was nicht angenagelt ist und zernagen, wie Stifte, Bachblütenflaschen, Tesafilmrollen, usw.

Trainingsziel
Der Vogel soll auf Kommando einen von ihm im Schnabel gehaltenen Gegenstand wieder herausgeben.

Trainingsmethode
Verhalten einfangen (Shaping).

Voraussetzungen
Der Vogel sollte kein Trainingsanfänger sein.

Übungsaufbau

Sie sollten das „Aus"-Kommando am besten auf einem Tisch üben, damit Sie nicht ständig auf dem Fußboden herumkriechen müssen, um fallen gelassene Gegenstände wieder einzusammeln. Für die Übung selbst benötigen Sie einen Gegenstand, der leicht genug ist, dass Ihr Vogel ihn im Schnabel hochnehmen kann. Der Gegenstand sollte aber nicht allzu leicht im Schnabel zu halten sein. Außerdem sollte er nicht so interessant sein, dass Ihr Vogel ihn überhaupt nicht mehr los lassen möchte. Große bunte Plastikperlen funktionieren gut, aber auch Plastikmünzen oder Unterlegscheiben aus Edelstahl. Bitte benutzen Sie auf keinen Fall verzinkte Gegenstände, da Zink äußerst giftig für Papageien ist.

Vorgehensweise

Schritt 1. Beobachten und das Verhalten erwischen

Sie legen den Gegenstand vor den Vogel und warten, bis er diesen in den Schnabel nimmt. Dann warten Sie, bis er den Gegenstand fallen lässt und clicken ihn in genau diesem Moment.

Schritt 2. Das Verhalten festigen

Dies wiederholen Sie mehrfach. Da Sie sicher sein können, dass das Verhalten da ist, wenn Sie clicken, können Sie das Kommando „Aus" gleich dazu setzen. Als Variation, falls Ihr Vogel zahm genug ist, können Sie auch üben, dass er den Gegenstand in Ihre Hand ausspuckt. Dazu halten Sie einfach die Hand unter den Schnabel des Vogels, warten bis er den Gegenstand fallen lässt und sagen „Aus" dazu.

Schritt 3. Transferübungen

Üben Sie das „Aus" Kommando mit allen möglichen Gegenständen. Fangen Sie mit nicht so spannenden Dingen an und arbeiten Sie sich zu seinem Lieblingsdiebesgut hoch. Das „Aus"-Kommando ist nicht nur in sich nützlich, es ist z.B. auch eine Komponente des Apportierens

Schritt 4. Den Clicker ausschleichen

Dies führen Sie genauso durch, wie in der „Auf"-Kommando-Übung beschrieben.

„Weg davon"-Kommando

Das „Weg davon"-Kommando kann Leben retten. Stromkabel sind z.B. so schnell durchgebissen, dass man es nicht schafft, rechtzeitig zum Vogel hinzukommen, um ihn wegzuscheuchen, falls man einmal nicht vorsichtig genug war. Auch in weniger dramatischen Situationen kann dieses Kommando das Zusammenleben mit dem Vogel erleichtern. Man kann dem Vogel mit Hilfe des „Weg davon"-Kommandos

Jack gibt brav eine Frischhalteklammer in meine geöffnete Hand.

auch beibringen, bestimmte Stellen dauerhaft in Ruhe zu lassen, wie z.B. Antiquitäten oder Bilderrahmen.

Trainingsziel

Der Vogel soll sich auf Kommando von einem vom ihm angepeilten Gegenstand wegdrehen und entfernen.

Trainingsmethode

Shaping

Voraussetzungen

Der Vogel sollte kein Trainingsanfänger sein. Zumindest die Targetstick-Übungen sollten sitzen.

Übungsaufbau

Ein Gegenstand, der ruhig angenagt werden darf, z.B. ein Stück altes Kabel, wird vor den Vogel gelegt. Es ist wichtig, dass Sie einen Gegenstand nehmen, der beschädigt werden darf, weil er im Prozess des Übens ein wenig angenagt werden könnte. Sie wollen schließlich in der Lage sein, in Ruhe abwarten zu können, bis der Vogel sich von selbst wegdreht. Der Gegenstand sollte so groß oder schwer sein, dass der Vogel damit nicht wegfliegen kann. Sie können den Gegenstand aber auch befestigen, z.B. könnten Sie das Kabelstück mit einem Kabelbinder am Sitzast festzurren. Zu guter Letzt sollte Ihr Papa-

Jack apportiert

1. Jack nimmt das Objekt auf . . .

2. . . . läuft mit ihm zur Tischkante . . .

3. . . . postiert sich zum Abflug . . .

4. . . . fliegt mit dem Objekt zu mir . . .

5 .. . . und gibt es in meine Hand.

gei oder Sittich keine Angst vor dem Gegenstand haben, sondern interessiert darauf reagieren.

Vorgehensweise

Schritt 1. Beobachten und das Verhalten erwischen

Sie beobachten, wie der Vogel den Gegenstand beäugt oder sogar näher untersucht ohne irgendeine Reaktion Ihrerseits. In dem Moment, in dem der Vogel sich auch nur geringfügig abwendet, clicken und belohnen Sie ihn. Dabei gelten auch wirklich minimale Abwendungen, z.B. wenn er den Gegenstand mit dem Schnabel berührt hat und den Kopf wieder hebt oder wenn er den Kopf ein wenig von dem Gegenstand abwendet. Dann warten Sie bis er den Gegenstand wieder berührt und sich wieder ein wenig abwendet, Click und Belohnung.

Schritt 2. Das Verhalten festigen

Dies wiederholen Sie so oft, bis Ihr Vogel ganz selbstverständlich vom Gegenstand wegblickt.

Schritt 2. Das Verhalten formen - I

Wenn er dies zuverlässig macht, warten Sie ein kleines bisschen mit dem Click. Aufgrund des Extinktionsausbruchs wird Ihr Vogel nun die Abwendung vom Gegenstand deutlicher zeigen als vorher. Er wird also z.B. seinen Kopf etwas weiter wegdrehen, etwas höher heben und eventuell sogar schon einen kleinen Schritt zu Seite machen. Auch dieses ausgeprägtere Verhalten clicken Sie mehrfach hintereinander.

Schritt 3. Das Verhalten formen - II

Dann verzögern Sie den Click wieder ein wenig. Diesen Ablauf wiederholen Sie so oft, bis das Verhalten so weit gesteigert wurde, dass der Vogel sich vom Gegenstand abwendet, umdreht und ein paar Schritte entfernt.

Schritt 4. Das Kommando wird hinzu gesetzt

Wenn Sie soweit sind und diese Abfolge zuverlässig durchgeführt wird, können Sie das Kommando „Weg davon" dazu setzen. Sie fangen damit an, das Kommando in dem Moment, in dem Ihr Papagei oder Sittich sich von dem Übungsgegenstand abwendet, auszusprechen. So gewährleisten Sie, dass das Verhalten auch tatsächlich gezeigt wird. Nachdem Sie dies eingehend geübt haben, gehen Sie dazu über, das Kommando, kurz bevor er sich abwendet, anzuwenden.

Schritt 5. Transferübungen

Üben Sie das „Weg davon" Kommando mit allen möglichen Gegenständen, wie z.B. der Fernbedienung, Pflanzen oder was auch immer an verbotenen Dingen Ihren Vogel sonst noch „magisch" anzieht.

Schritt 6. Den Clicker ausschleichen

Dies führen Sie genauso durch, wie in der „Auf"-Kommando-Übung beschrieben.

„Weg da"-Kommando

Das „Weg da"-Kommando ist dem „Weg davon"-Kommando sehr ähnlich. Es wird an den Orten eingesetzt, an denen der Vogel sich von einem Objekt der Begierde nicht abwenden und weggehen kann oder wenn er sich an einem Ort aufhält, wo er sich nicht aufhalten soll, wie z.B. oben auf einer Tür oder auf dem Herd. Es ist sehr wichtig, Vögeln solche Orte als Sitzmöglichkeit abzugewöhnen, da sie eine ungeheure Unfallgefahr bergen.

Trainingsziel

Der Vogel soll auf Kommando seinen Sitzort verlassen.

Trainingsmethode

Verhalten einfangen

Voraussetzungen

Der Vogel sollte das „Weg davon"-Kommando beherrschen.

Übungsaufbau

Einen Übungsaufbau für dieses Kommando zu planen ist schwierig, da es sich meist um Einrichtungsgegenstände handelt. Der beste Übungsaufbau ist eigentlich der, dass Sie Ihren Vogel dabei erwischen, dass er irgendwo sitzt, wo er nicht sitzen soll.

Halten Sie Clicker und Leckerli bereit, wenn Sie vorhaben, diese Übung opportunistisch anzugehen. Wenn Ihr Vogel sich in mehreren Räumen aufhält, bietet es sich an in jedem Zimmer einen Clicker und ein paar Leckerli zu hinterlegen, damit beides wirklich immer griffbereit ist. Alternativ können Sie sich auch den Clicker um den Hals oder ums Handgelenk hängen und Leckerli in Ihrer Hosen oder Jackentasche mit sich herumtragen.

Vorgehensweise

Wenn Ihr Vogel irgendwo sitzt, brauchen Sie ihn nur zu beobachten, bis er von dort wieder wegfliegt. Falls er an dem Gegenstand knabbern sollte, benutzen Sie das „Weg davon" Kommando, um Schäden zu vermeiden.

Schritt 1. Beobachten und das Verhalten erwischen

In dem Moment, in dem er wegfliegt, clicken Sie ihn. Wenn er irgendwo gelandet ist, geben Sie ihm so schnell wie möglich seine Belohnung. Dies wiederholen Sie so oft es geht. Da Sie in dem Moment clicken, in dem er das gewünschte Verhalten zeigt, können Sie das Kommando von Anfang an hinzufügen.

Schritt 2. Transferübungen

Transferübungen erübrigen sich in diesem Fall.

Schritt 3. Den Clicker ausschleichen

Dies führen Sie genauso durch, wie in der „Auf"-Kommando-Übung beschrieben.

Auch das Basketball spielen, wie hier von Jack gezeigt, ist eine Variante des „Aus"-Kommandos.

13. Freihand-übungen

Freihand-Übungen sind solche Übungen, bei denen weder Gegenstände noch der Targetstick zum Einsatz kommen.

Diese Übungen werden in der Regel mit Shaping beigebracht. Beim Shaping werden Verhaltensweisen, die das Tier von sich aus zeigt, selektiv verstärkt und ausgeformt. Dazu warten Sie, bis Ihr Papagei oder Sittich ein gewünschtes Verhalten ansatzweise zeigt. Das clicken und belohnen Sie. Je konsequenter Sie im Training wirklich jede Äußerung des gewünschten Verhaltens verstärken, desto schneller begreift Ihr Papagei oder Sittich den Zusammenhang. Dies erfordert von Ihnen volle Konzentration auf den Vogel und ein gutes Timing.

Timing

War es bei den Übungen mit Targetstick und Gegenständen noch sehr leicht zum richtigen Zeitpunkt zu clicken, ist es bei den Freihandübungen schon um einiges schwieriger, da Vögel sich enorm schnell bewegen. Die Fähigkeit des Trainers genau den richtigen Moment mit seinem „Click" zu treffen, ist aber „kriegsentscheidend" für den Trainingserfolg, denn das geclickte Verhalten wird markiert und verstärkt. Clickt der Trainer das falsche Verhalten, weil er zu langsam oder auch zu schnell ist, wird sich ein Trainingserfolg nur sehr mühsam, wenn überhaupt einstellen. Am besten vergleichen Sie den Clicker mit einem Fotoapparat, mit dem das gewünschte Verhalten fotografiert wird. Der Clicker wird genau in dem Moment betätigt, in dem Sie normalerweise den Auslöser drücken würden. Stimmt das Timing nicht, würden Sie zwar auf jedem Bild irgendein Verhalten sehen, nur leider nicht das, welches Sie tatsächlich fotografieren wollten.

Für den Lernprozess gelten jedoch nur die Verhalten, die Sie fotografiert haben. Somit kann das Tier auch das erwünschte Verhalten nicht lernen. Denn Sie haben ihm nicht mitgeteilt, das eben dieses Verhalten das gewünschte ist. Aus diesem Grund ist es sehr wichtig für den Trainer, sein Timing zu verbessern. Viele haben damit am Anfang Schwierigkeiten, die sich negativ auf das Training auswirken. Da heißt es also für den Trainer üben und zwar nicht am Vogel.

Versuchen Sie Dinge des Alltags zur Übung zu clicken. Da gibt es die Vögel am Vogelhäuschen, die bei jedem Picken geclickt werden könnten, einen Kollegen, der bei jedem „äh" geclickt wird oder Sie bitten einen Bekannten darum, einen Ball in die Luft zu werfen und clicken diesen am Umkehrpunkt. Möglichkeiten, das Clickern zu üben, gibt es genug. Dabei müssen Sie selbstverständlich nicht tatsächlich mit einem Clicker herumlaufen und dumme Blicke auf sich ziehen. Es reicht völlig aus, wenn Sie unauffällig mit Ihrem Clickerdaumen gegen Ihren Zeigefinger klopfen, so als ob Sie den Clicker auslösen würden. Das genügt, um die Bewegung auch mit einem richtigen Clicker in der Hand automatisch werden zu lassen. Sie sollten übrigens nicht mit einem richtigen Clicker im Beisein Ihres Vogels üben. Die Konditionierung des Clickers mit dem Leckerli würde für ihn aufgehoben werden, wenn Ihr Vo-

gel ständig das Geräusch hört, ohne eine Belohnung dafür zu erhalten.

Flexibilität

Wenn Sie eine solche Übung zum ersten Mal mit Ihrem Vogel durchführen, sollten Sie sehr flexibel sein, was das zu verstärkende Verhalten betrifft. Seien Sie nicht fixiert darauf, was für ein Verhalten Sie ihm beibringen möchten. Noch geht es darum, dass Sie beide diese Lernmethode erlernen. Auf einem bestimmten Verhalten zu beharren, könnte für Sie beide sehr frustrierend werden. Vermeiden Sie dies, indem Sie einfach irgendein Verhalten clicken, das er ohnehin sehr häufig zeigt. Später, wenn Ihr Vogel zu einem Trainingsprofi geworden ist, wird er, wenn Sie warten, ein Verhalten nach dem anderen anbieten, bis er auf eines trifft, das von Ihnen belohnt wird. Aber soweit ist er jetzt noch nicht.

Mit dem Kopf nicken

Als Übungsbeispiel bringen wir Ihrem Vogel jetzt bei, mit dem Kopf zu nicken. Das ist ein Verhalten, das alle Vögel mehr oder minder ausgeprägt regelmäßig zeigen. Um anfangen zu können, benötigen wir kein ausgeprägtes Kopfnicken. Die leichteste Bewegung mit dem Kopf nach unten können Sie bereits mit einem Click und Belohnung verstärken.

Trainingsziel

Der Vogel soll auf Kommando mit dem Kopf nicken. Abgesehen davon, dass die Mit-dem-Kopf-nicken-Übung als einfacher Einstieg in das Shaping dient, kann man dieses Kommando auch sehr nett in eine Unterhaltung einbinden: „Mäxchen, möchtest Du ein Leckerli haben? Jaaa?" – und der Vogel nickt mit dem Kopf.

Trainingsmethode
Shaping

Das vom Tier spontan gezeigte Verhalten wird mit dem Clicker „eingefangen" und später durch gezielte Verzögerung des Clicks weiter geformt.

Voraussetzungen

Der Clicker muss konditioniert sein. Es ist leichter, wenn der Vogel kein Trainingsanfänger mehr ist. Deshalb sollte die Übung erst nach den Targetstickübungen in Angriff genommen werden.

Übungsaufbau
Der Vogel sitzt entspannt auf seinem Trainingssitzplatz.

Vorgehensweise

Schritt 1. Beobachten und das Verhalten erwischen
Sobald Ihr Vogel den Kopf auch nur ein wenig nach unten neigt, Click und Belohnung.

Schritt 2. Das Verhalten festigen
Dies wiederholen Sie mehrfach. Nach einigen Wiederholungen müssten Sie merken, dass Ihr Tier das Verhalten immer häufiger zeigt.

Schritt 2. Das Verhalten formen - I
Wenn Ihr Papagei oder Sittich das Verhalten sehr regelmäßig zeigt, verzögern Sie den Click ein wenig. Dadurch erreichen Sie, dass Ihr Tier das Verhalten ausgeprägter zeigt. Von da an clicken Sie nur die ausgeprägtere Version des Verhaltens

Schritt 4. Das Verhalten ausformen - II
Wenn diese zuverlässig sitzt, verzögern Sie den Click wiederum ein wenig, um eine noch stärkere Ausprägung zu erzielen. Die Abfolge des ausgeprägteres Verhalten üben, dann Click verzögern; wiederholen Sie so oft, bis der Vogel das Kopfnicken sehr deutlich zeigt.

Schritt 5. Das Kommando wird hinzugefügt
Schlussendlich, wenn das Verhalten so wie Sie es möchten hundertprozentig sitzt, fangen Sie an das Kommando, z.B. „Ja"

Beobachten ... und Max' Kopfnicken erwischen

dazuzusetzen. Anschließend bekommt der Vogel nur noch Click und Belohnung, wenn er das Verhalten zeigt, nachdem Sie das Kommando gesprochen haben.

Schritt 6. Transferübungen
Wie immer, üben Sie auch dieses Kommando an allen möglichen Orten und in den verschiedensten Situationen.

Schritt 7. Den Clicker ausschleichen
Dies führen Sie genauso durch, wie in der „Auf"-Kommando-Übung beschrieben.

Entspannungsübungen

Papageien und Sittiche haben ein ganzes Repertoire von Verhaltensweisen, die anzeigen, dass sie entspannt sind. Da, genau wie beim Menschen, gezeigte Verhalten eng mit der Stimmung verbunden sind, kann man diese Verhaltensäußerungen nutzen, um einen angespannten Vogel zu beruhigen. Dies kann in stressigen Situationen, wie z.B. beim Tierarztbesuch, hilfreich sein.

Zu den wesentlichen Entspannungsverhalten bei Papageien und Sittichen gehören

Schwänzchen wackeln, Federn plustern und mit dem Schnabel klappern. Als Beispiel nehmen wir hier „Schwänzchen-wackeln". Das Prinzip ist aber in jedem Fall dasselbe, unabhängig davon, welches Entspannungsverhalten Sie üben möchten.

Schwänzchen wackeln

Trainingsziel
Der Vogel soll auf Kommando mit seinem Schwänzchen wackeln.

Trainingsmethode
Shaping

Voraussetzungen
Der Clicker muss konditioniert sein. Der Vogel sollte kein Trainingsanfänger sein.

Übungsaufbau
Der Vogel sitzt entspannt auf seinem Trainingssitzplatz.

Vorgehensweise

Schritt 1. Beobachten und das Verhalten erwischen
Sobald der Vogel den Schwanz auch nur ein bisschen bewegt, Click und Belohnung.

Schritt 2. Das Verhalten festigen
Nach einigen Wiederholungen müssten Sie merken, dass Ihr Tier das Verhalten immer häufiger zeigt.

Schritt 3. Das Verhalten ausformen - I
Wenn Ihr Papagei oder Sittich das Verhalten sehr regelmäßig zeigt, verzögern Sie den Click ein wenig. Dadurch erreichen Sie, dass Ihr Tier das Verhalten ausgeprägter zeigt. Von da an clicken Sie nur die ausgeprägtere Version des Verhaltens.

Schritt 4. Das Verhalten ausformen - II
Wenn diese zuverlässig sitzt, verzögern Sie den Click wiederum ein wenig.

Die Abfolge, ausgeprägteres Verhalten üben, dann Click verzögern; wiederholen Sie so oft, bis der Vogel das Schwänzchen wackeln in so ausgeprägter Form und so dauerhaft zeigt, wie Sie es wünschen. Denken Sie daran, dass Sie jeden Schritt so lange üben, bis er wirklich sitzt, bevor Sie den nächsten Trainingsschritt machen.

Schlussendlich, wenn das Verhalten so wie Sie es möchten hundertprozentig sitzt, fangen Sie an das Kommando, z.B. „Schwänzchen" dazuzusetzen. Anschließend bekommt, der Vogel nur noch Click und Belohnung, wenn er das Verhalten zeigt, nachdem Sie das Kommando gesprochen haben.

**Plustern ist ebenfalls eine gute Entspannungsübung –
Jack beherrscht sie sehr gut.**

Schritt 5. Transferübungen

Trainieren Sie mit Ihrem Vogel diese Übung an vielen verschiedenen Plätzen und in vielen verschiedenen Situationen, insbesondere auch solchen, die er als stressig empfinden könnte. Nur wenn diese Übung wirklich sitzt, können Sie sie benutzen, um Ihren Vogel in Streßsituationen zu beruhigen.

Schritt 6. Den Clicker ausschleichen

Dies führen Sie genauso durch, wie in der „Auf"-Kommando-Übung beschrieben.

**Gefiederpflege sollte nicht als Entspannungsübung
geübt werden. Die Gefahr ist zu groß, dass der Vogel
beginnen könnte sein Gefieder übermäßig zu pflegen
oder sogar zu rupfen.**

14. Zähmen

immer wieder werde ich von Papageienbesitzern und solchen, die es werden wollen, auf das Zähmen angesprochen.

Tierliebe Menschen, die sich Papageien oder Sittiche zulegen wollen, erzählen mir, dass Sie alles richtig machen und eine Naturbrut kaufen möchten. Außerdem möchten sie sich von Anfang an ein Paar anschaffen, da es nicht artgerecht ist, einen Papagei einzeln zu halten. Nur haben sie Angst, die Tiere niemals zahm zu bekommen.

Andere Menschen haben sich Handaufzuchten zugelegt in dem falschen Glauben, sie bekämen ein zahmes problemloses Tier. Nur sind Handaufzuchten leider oft ebenfalls alles andere als zahm, weil sie bereits in der Aufzucht schlechte Erfahrungen mit der menschlichen Hand gemacht haben. Wiederum andere Besitzer haben Abgabetiere übernommen, die aus schlechter Haltung stammen und ebenfalls

Angst vor Menschen haben. Oder sie haben Wildfänge, die auf grausamste Art gefangen und nach Deutschland importiert wurden, übernommen.

Manche haben einen Papagei, der völlig auf ein Mitglied des Haushaltes fixiert ist und bestenfalls zu niemand anderem hingeht, schlimmstenfalls aber sogar Angriffe auf alle anderen fliegt. Die Liste der Probleme aus den verschiedenen Aufzuchts-, Beschaffungs- und Haltungsformen ist lang und man könnte ein Buch damit füllen, wie man diese löst.

Ein zentrales Thema ist und bleibt jedoch das Zähmen, dem ich deshalb ein gesondertes Kapitel in diesem Buch widme.

ANMERKUNG

Es gibt etliche Studien über Spezies, die ihre Jungen aufziehen und umsorgen.

Ohne Ausnahme zeigen diese Studien, dass die Jungen solcher Arten sich am besten mental und körperlich entwickeln, wenn sie auch von den Elterntieren großgezogen werden.

Zusätzlich könnte es als psychische und physische Misshandlung angesehen werden, die Eltern als Eier- bzw. Jungenproduzenten auszubeuten. Papageien sind hochintelligente und sensible Lebewesen – sie trauern und leiden, wenn ihnen ihre Jungen immer wieder weggenommen werden. Für den Körper der Henne ist es außerdem Raubbau, mehrere Gelege pro Jahr zu produzieren.

Eine medizinisch indizierte Handaufzucht – wenn das Junge sonst sterben würde – ist ein Muss. Handaufzucht, um ein zahmes Haustier zu erhalten ist unnötig und kontraproduktiv, da Handaufzuchten öfter Problemverhalten zeigen als von den Eltern aufgezogene Tiere. Die Massenproduktion von Handaufzuchten aus kommerziellem Interesse ist verwerflich.

Was ist zahm?

Wenn Sie die Übungen im Buch bis hierher durchgeführt haben, dann ist Ihr Vogel genau genommen bereits zahm, zumindest nach der Definition vieler Menschen. Er nimmt Leckerbissen aus Ihrer Hand und kommt zu Ihnen auf den Arm. Das ist zwar schon ganz schön viel und mehr als viele Halter jemals erreichen, aber vielen von uns ist es dennoch nicht genug. Wir wollen dem Tier unsere Liebe auch durch Streicheln und Schmusen zeigen können.

Doch daran muss unser Papagei oder Sittich sich erst gewöhnen, bevor er wirklich Gefallen daran findet. Oder genauer, er muss so viel Vertrauen zu uns fassen, dass er solche Zuwendungen auch genießen kann.

Vertrauen wird durch tägliche positive Erfahrungen des Tieres mit uns aufgebaut, wie z.B. durch das Training. Das Streicheln selbst kann man zusätzlich gezielt üben.

Dabei arbeitet man sich Stückchen für Stückchen am ganzen Papagei entlang. Ich fange mit solchen Übungen am liebsten am Schnabel, anstatt an anderen Körperteilen an.

Nicht die Füße

Mit Streichelübungen an den Füßen anzufangen ist problematisch, da der Vogel, wenn Sie sich seinen Füßen nähern, versuchen wird auf Ihre Hand zu steigen. Denn dies kennt er schon von der „Auf"-Übung. Wenn Sie jetzt aber wollen, dass er sitzen bleibt, damit Sie ihn an den Füßen streicheln können, verwirrt ihn das unnötig. Hinzu kommt, dass viele Papageien es wirklich nicht mögen an den Füßen berührt zu werden.

Das komplette Vertrauen unserer gefiederten Mitbewohner ist eines des schönsten Erlebnisse für Papageienhalter.

Auch wenn Ihr Vogel durch das „Auf"- und „Komm"-Kommando bereits daran gewöhnt ist, dass seine Füße Ihre Hand berühren, ist das doch aus seiner Sicht etwas ganz anderes, als wenn Ihre Hände seine Füße berühren. Das kann zum einen daran liegen, dass viele Vögel Angst haben, festgehalten zu werden. Für ein Beutetier ist dies nicht weiter verwunderlich. Zum anderen spielen Papageien untereinander gerne das „lustige" Einander-in-die-Füße-hacken- Spiel. Kein Wunder, dass er es eher vermeidet, jemanden an seine Füße zu lassen. Wenn Ihr Papagei dieses Spiel zum ersten Mal mit Ihren Füßen gespielt hat, werden Sie genau verstehen warum. Aua! Das Berühren der Füße können

Sie selbstverständlich zu einem späteren Zeitpunkt üben, z.B. wenn Sie Ihrem Vogel beibringen sich die Krallen schleifen zu lassen. Aber zum Streicheln üben gibt es bessere Körperstellen an Ihrem Vogel.

Nicht der Rücken

Der Rücken ist als erster Berührungspunkt ebenfalls ungeeignet, da die sich von oben nähernde Hand stark an den Angriff eines Raubvogels erinnert und den Vogel verängstigen kann. Auch dies kann man zu einem späteren Zeitpunkt immer noch üben. Für den Anfang ist aber ein leichteres Ziel sinnvoller.

Pablo duckt sich erschreckt vor der sich von oben nähernden Hand.

Nicht der Bauch

Auch mit dem Bauch sollten Sie nicht unbedingt anfangen. Wenn Sie hierbei zu schnell vorgehen oder die Abwehrsignale Ihres Vogels missdeuten, bekommen Sie bei einer Annäherung an den Bauch einfach zu schnell einen Biss. Diese Gefahr sollten Sie vermeiden.

Aber der Schnabel

Mit dem Schnabel die Streichelübungen zu beginnen, ist meines Erachtens ideal. Wenn Papageien sich einander nähern, berühren sie sich oft erst einmal mit dem Schnabel. Dieses Verhalten ist ihnen also aus ihrem artgemäßen Begrüßungsritual bekannt. Beobachten Sie mal Ihre Tiere und achten Sie darauf, wie sie es machen.

Lässt der Vogel uns erst einmal seinen Schnabel berühren, kann man sich von dort aus relativ einfach zu seinen liebsten Streichelzonen „weiterkrabbeln". Wir sind also sozusagen strategisch ideal positioniert, um ihm beizubringen, dass Streicheln wirklich eine feine Sache ist.

Die beliebtesten Streichelzonen für Papageien und Sittiche sind, nach zunehmendem Vertrauen sortiert:

- Kopf
- Nacken
- der Rand der Ohren
- die Knochenpartie über dem Auge
- unter den Flügeln
- entlang der Muskelstränge an den Flügelunterseiten – der Vogel hebt hierzu den Flügel, damit Sie dran können
- und – bei ganz großem Vertrauen – die Kuhle direkt unter dem Unterschnabel. Da schmilzt der Vogel und wird zur „willenlosen" Kreatur.

Trainingsziel
Ihr Papagei lässt sich von Ihnen streicheln.

Trainingsmethode
Das Benehmen erwischen und shapen.

Das Benehmen, das in diesem Fall erwischt wird, ist, dass der Vogel still sitzen bleibt und sich entspannt. Im Gegensatz zu allen vorherigen Übungen wird der Vogel also nicht darin bestärkt, aktiv, sondern passiv zu sein.

Die Übungseinheiten sollten bewusst sehr kurz gehalten werden, um den Vogel nicht zu überfordern.

Voraussetzungen
„Auf" und „Komm"-Kommandos, sowie Leckerli aus der Hand nehmen, sollten sehr gut sitzen. Der Vogel darf keine Angst vor Ihnen haben.

Übungsaufbau
Der Vogel sitzt entspannt auf einem Sitzplatz.

Vorgehensweise

Schritt 1. Schnabel mit Zeigefinger berühren
Sie führen die Annäherungsübung wie für das „Auf"-Kommando beschrieben durch, bis Sie mit der Spitze Ihres Zeigefingers den Schnabel Ihres Vogels berühren können.

Denken Sie daran, dass Sie bei dieser Übung in den „Intimbereich" Ihres Vogels eindringen. Seien Sie also sensibel und respektvoll. Achten Sie auf seine Körpersprache. Sie möchten Ihrem Papagei oder Sittich auf keinen Fall das Gefühl geben bedrängt zu werden. Das ist nicht gut für

Tina erlaubt nicht nur die Berührung ihres Schnabels mit dem Finger, sie streckt sich diesem sogar entgegen.

Ihre Beziehung. Außerdem könnte fortgesetztes Ignorieren seiner subtilen Abwehrzeichen durchaus mit einem deftigen Biss quittiert werden. Gehen Sie also lieber zu langsam als zu forsch bei Ihren Annäherungsversuchen vor. Wenn Sie seinen Schnabel mit Ihrem Zeigefinger berührt haben, gibt es natürlich erst einmal einen Jackpot und dickes Lob. So ein guter Vogel! Das Schnabel-mit-der-Spitze-Ihres-Zeigefingers-berühren üben Sie mehrfach. Dann fangen Sie an die Dauer des Berührens zu verlängern, bis Sie Ihren Zeigefinger gut eine Sekunde lang an den Schnabel halten können.

Schritt 2. Daumen am Schnabel

Als nächstes beugen Sie Ihren Zeigefinger vorsichtig so, dass Sie auch mit Ihrem Daumen an den Schnabel herankommen. Das ist für das spätere Streicheln wichtig. Versuchen Sie nur mit dem Zeigefinger zu streicheln, kann es passieren, dass Sie dabei zu wackelig sind, also den Schnabel hin und her rucken. Das genießt kein Vogel. Ruht der Daumen auf dem Schnabel, ist der Zeigefinger stabilisiert und kann sehr subtile Bewegungen ausführen, die für den Vogel angenehm sind. Selbst, wenn der Vogel sich plötzlich bewegen sollte, kann Ihr Zeigefinger keinen Schaden anrichten, da Ihre Hand, geführt vom Daumen sich einfach mitbewegt, anstatt zum Beispiel mit dem Finger im Auge zu landen. Die Hand am Tier ruhen zu lassen, ist übrigens auch die richtige Technik, falls Sie Ihrem Vogel jemals Augentropfen geben oder sonstige knifflige Pflegemaßnahmen durchführen müssen. Zusätzlich hilft diese Technik, die Gefahr gebissen zu werden zu minimieren, wenn man es mit Beißern zu tun hat. Bewegt das Tier den Kopf ruckhaft, um zu beißen oder zu hacken, wird die Hand in der Regel durch die Kopfbewegung aus der Gefahrenzone weggestoßen. Halten Sie Ihre Hand jedoch statisch in der Luft, reicht die Reaktionsgeschwindigkeit meist nicht, um sie selbst aktiv aus dem Weg zu bringen.

Das Berühren des Schnabels mit dem Zeigefinger mit dem anschließenden Berühren mit dem Daumen üben Sie mehrfach.

Schritt 3. Berühren des Schnabels mit Zeigefinger und Daumen

Dann verringern Sie den Zeitabstand zwischen der Berührung mit dem Zeigefinger und der des Daumens, bis Sie Daumen und Zeigefinger zeitgleich an den Schnabel legen können. Auch dies wiederholen Sie mehrfach, bevor Sie anfangen die Dauer des Berührens zu verlängern.

Berühren des Schnabels mit Zeige- und Mittelfinger

Schritt 4. Erstes vorsichtiges Schnabelstreicheln

Wenn Ihr Vogel eine etwas längere Berührung des Schnabels mit Zeigefinger und Daumen toleriert, können Sie anfangen mit Ihrer Zeigefingerspitze den Schnabel ein wenig zu streicheln. Dazu bewegen Sie einfach die Spitze Ihres Zeigefingers auf der Stelle, wo er auf dem Schnabel aufliegt, ein wenig hin und her. Manche Tiere mögen es auch, wenn man statt mit der Fingerspitze mit dem Nagel über den Schnabel schrappt. Denken Sie daran, weiterhin zu clicken und belohnen!

Auch dies wiederholen Sie mehrfach. Achten Sie bitte besonders stark auf die Körpersprache Ihres Tieres. Diese Übung wiederholen Sie so oft, bis es wirklich ganz entspannt dabei ist.

Schritt 5. Der Zeigefinger geht auf Wanderschaft

Als nächstes bauen Sie das Streicheln des Schnabels stärker aus. Je nach Größe des Schnabels dauert das etwas länger oder

Sie können sofort zum nächsten Schritt übergehen. Falls Sie einen sehr großen Vogel, wie z.B. einen Ara, haben, ist es oft einfacher, wenn Sie auch den Daumenballen oder sogar die Handwurzel auf den Schnabel auflegen.

Bei sehr großen Vögeln kann man beim Streicheln die Handwurzel auf den Schnabel auflegen. Jack tastet hierbei mit seiner Zunge mein Handgelenk ab.

Schritt 6. Kopf

Wenn Sie in der Lage sind, den kompletten Schnabel zu streicheln UND Ihr Vogel dabei entspannt ist, gehen Sie mit Ihrem Zeigefinger zum oberen Schnabelansatz und streicheln das Federbürstchen über der Nase. Gehen Sie mit den Fingerspitzen und -nägeln unter die erste Federreihe bis an die Haut. Schrappen Sie von der Haut aus sanft die Federkiele hoch. Das ist für den Vogel am angenehmsten. Wenn Sie es richtig machen, wird er für Sie sein Kopfgefieder aufstellen und den Kopf vorbeugen, damit Sie besser drankommen. Das ist die offene Einladung „Kraul mich!" Wenn Sie so weit sind, können Sie getrost mit den Clicks und Belohnungen aufhören, denn nun ist das Streicheln die Belohnung an sich. Wenn Ihr Vogel das Gefieder nicht aufstellt, ist er noch nicht so weit. Üben Sie weiter, bis er völlig entspannt ist.

Schritt 7. Transferübung

Das Kraulen bauen Sie nun weiter aus, indem Sie mit Ihren Fingern immer ein klein wenig mehr auf Wanderschaft gehen. Je nach Größe des Vogels können Sie vor-

Tina lässt sich gerne das Federbürstchen über ihrem Schnabel kraulen.

sichtig noch weitere Finger zum Kraulen mit hinzunehmen.

Falls Ihr Papagei oder Sittich das Gekrault werden an einer Stelle (noch) nicht mag, gehen Sie sofort zurück, denn Sie möchten nicht, dass der Vogel Ihre Hand unangenehm findet. Üben Sie lieber noch etwas länger an den vertrauten Stellen, bevor Sie sich noch einmal vorwagen, oder probieren Sie eine andere Stelle.

Nicht jeder Vogel mag es gleichermaßen überall gekrault zu werden. Darauf muss man Rücksicht nehmen und sich anpassen. Manche Vögel suhlen sich geradezu

in der kraulenden Hand, andere genießen es nie so richtig, das hängt von der Art, aber auch vom Charakter des einzelnen Vogels ab. Das ist einfach so und das muss man akzeptieren. Schlussendlich wollen Sie ja mit dem Kraulen dem Vogel etwas Gutes tun.

Bei mir sitzen Vögel, die stundenlang am ganzen Körper „durchgeknautscht" werden wollen und denen es dann noch immer nicht genug ist. Andere wollen nur ganz kurz im Nacken gekrault werden. Manche mögen es am liebsten wenn sie ganz fest auf den Schnabel oder auf den Rücken geknutscht werden. Wiederum ande-

Schnell hat man sich beim Zähmen vom Schnabel auf den ganzen Kopf vorgearbeitet.

re wollen am liebsten gar nicht gekrault werden und spielen lieber mit einem Bällchen oder Stofftier mit mir oder wollen kopfüber geschaukelt werden.

Es sind eben Individuen und man muss auf sie als solche eingehen, um eine gute Beziehung mit ihnen zu haben.

Carlo wird gerne am ganzen Körper durchgeknautscht.

Max bekommt am liebsten seinen Nacken gekrault

Tina liebt es unter dem Flügel gekrault zu werden und kuschelt sich dabei in meine Hand.

Gerade verhaltensgestörte Papageien wie Timmy, die gerne mal saftig zubeissen, brauchen viel Liebe und Zuwendung. Beachten Sie, wie die Hand beim Kraulen außer Reichweite des kräftigen und scharfen Schnabels gehalten wird und wie Timmy das Gestreichelt werden genießt.

15. Schlusswort

Sie und Ihr Papagei oder Sittich beherrschen nun die Grundlagen des Clickertrainings.

Sie wissen, was das Lieblingsleckerli Ihres Vogels ist, ob es sich ändert oder eher gleich bleibt. Ihr Tier läuft mit Begeisterung dem Targetstick hinterher und freut sich mit Ihnen auf jedes Training.

Sie wissen, wie Sie Trainingspläne selbst gestalten können, um neue Übungen zu entwickeln, wenn Sie Ihrem Vogel etwas beibringen müssen, oder einfach nur weil es Spaß macht und damit es Ihnen und Ihrem Vogel niemals langweilig wird.

Aber manchmal bleibt auch der begnadetste Trainer stecken oder hat eine völlige Blockade, was neue Ideen angeht.

Deshalb habe ich ein Forum gegründet, in dem Sie online Fragen stellen, aber auch über Ihre Erfolge und Rückschläge berichten können. Denn auch der Mensch will belohnt werden und was ist schon besser als die Anerkennung von Gleichgesinnten oder deren Unterstützung, wenn es mal nicht so läuft.

Falls Sie individuelle Beratung wünschen, haben Sie Gelegenheit mich über meine Homepage, www.annsworld.de zu kontaktieren und einen persönlichen Termin zu vereinbaren.

Und nun viel Spaß beim Training!

Ihre

Ann Castro.

Auch Hector meint, dass ich jetzt genug geschrieben habe . . .

Anhang

Bibliographie

PAPAGEIEN

ABRAMSEN, Joanne; THOMSEN, Jorgen B.; MELLO, Marsha. The Large Macaws. Their Care, Breeding and Conversation. 1. Auflage. Raintree Publications, 1996

AENGUS, Wendi L.; MILLAM, James R. Taming parent-reared orange-winged amazon parrots by neonatal handling. Zoo Biology 18, 177-187, 1999

APPLEYARD, Vera. The Lovebird Handbook (Barron's Pet Handbook). Barron's Educational Series, 2001

ATHAN, Mattie Sue. Guide to the Well-Behaved Parrot. 2. Auflage. Barron's Educational Series, 1999

ATHAN, Mattie Sue. Guide to Companion Parrot Behavior. 2. Auflage. Barron's Educational Series, 1999

ATHAN, Mattie Sue; DETER, Dianalee. The African Grey Parrot. 2. Auflage. Barron's Educational Series, 2000

ATHAN, Mattie Sue; DETER-TOWNSEND, Dianalee. The Second-Hand Parrot. Everything about Adoption, Housing, Feeding, Health Care, Grooming, and Socialization. Barron's Educational Series, 2002

ATHAN, Mattie Sue; DAVEY, Jon-Mark; DAVEY, Joann. Parrots in the City. Bird's Struggle for Place on the Planet. 1. Auflage. Booklocker.com, 2004

BALHAK, Silvia. Stellungnahme zur Handaufzucht bei Papageien. Tierärztliche Vereinigung für Tierschutz e.V. TVZ, 2006

BEDFORD, Duke of. Parrots and Parrots Like Birds. TFH Publications Inc, 1962

BLANCHARD, Sally. Companion Parrot Handbook. Pet Bird Report, 2004

BURFEINDT, Karin. Tierärztliche Empfehlungen für die Unterbringung von Ziervögeln in Tierheimen, Tierärztliche Hochschule Hannover, Inaugural Dissertation, 2001

BURGER, Joanna. The Parrot Who Owns Me. The Story of a Relationship. 1. Auflage. Random House Trade, 2002

BURGMANN, Petra. Feeding Your Pet Bird. Barron's Educational Series, 1993

Collette, J.C.; Millam, J.R.; Klasing, K.C.; Wakenell, P.S.. Neonatal handling of Amazon parrots alters the stress response and immune function. Applied Animal Behaviour Science 66_2000.335–349, 2000

DOANE, Bonnie Munro; COLE, Richard. The Pleasure of Their Company. An Owner's Guide to Parrot Training, 1. Auflage. Howell Books, 1998

DOANE, Bonnie Munro; VOGEL, Martha. The Parrot in Health and Illness. An Owner's Guide. Prentice Hall, 1991

DOANE, Bonnie Munro. Parrot Training. A Guide to Taming and Gentling your Avian Companion. Howell Books, 2001

DÜRR, Doris. Notfallhilfe für Papageien. Arndt Verlag

FOLGER, Helmut. Kolibris. Ihre Lebensweise und Haltung. Ulmer (Eugen), 1982

FORSHAW, Joseph. Vögel. 1. Auflage. Bassermann, 2003

GARNER, J.P.; MEEHAN, C.L.; FAMULA, T.R.; MENCH, J.A. Genetic, environmental, and neighbor effects on the severity of stereotypies and feather picking in Orange-winged Amazon parrots (Amazona amazonica). An epidemiological study. Applied Animal Behaviour Science 96, 153-168, 2006

GRINDOL, Diane; ROBAR Tani. Parrot Tricks. Teaching Parrots with Positive Reinforcement. 1. Auflage. Howell Books, 2006

HEIDENREICH, Barbara. The Parrot Problem Solver. Finding Solutions to Aggressive Behavior. 1. Auflage. TFH Publications, 2005

HIGDON, Pamela L. The Lovebirds. Owner's to a Happy, Healthy Pet. Powell Books, 1997

HOPPE, Dieter. Aras. Die Arten und Rassen, ihre Haltung und Zucht. Ulmer (Eugen)

KALETA, Erhard F; KRAUTWALD-JUNGHANNS, Marie-Elisabeth. Kompendium der Ziervogelkrankheiten: Papageien, Tauben, Sperlingsvögel. Für Studium und Praxis, 1. Auflage. Schlütersche, 1999

KLASING, Kirk C. Comparative Avian Nutrition. CABI Publishing, 1998

KOLAR, Kurt. Unzertrennliche Agaporniden. Richtig Pflegen und Verstehen. 5. Auflage. Gräfe&Unzer, 2004

LANTERMANN, Werner. Verhaltensstörung bei Papageien. Entstehung, Diagnose, Therapie. Enke, Broschiert 1999

LEPPERHOFF, Lars. Aras. Freileben, Verhalten, Pflege, Arten.1. Auflage. Ulmer (Eugen), 2004

LOW, Rosemary. Why Does My Parrot...?. Souvenir Press, 2000

LOW, Rosemarie, Papageien sind einfach anders. Eigenheiten verstehen und Verhaltensprobleme lösen. Ulmer (Eugen), 2001

MEEHAN, C.L.; Garner, J.P.; MENCH, J.A. Isosexual pair housing improves the welfare of young Amazon parrots. Applied Animal Behaviour Science 81, 73-88, 2003

PEES, Michael. Leitsymptome bei Papageien und Sittichen. Diagnostischer Leitfaden und Therapie. 1. Auflage. Enke, 2004

PEPPERBERG, Irene M. The Alex Studies. Cognitive and Communicative Abilities of Grey Parrots. 1. Auflage. Harvard University Press, 2000

RADTKE, Georg A. Unsere Agaporniden. Franckh-Kosmos Verlag, 2002

SCHALLENBERG, KH. Lernhilfe zur Vorbereitung auf die Sachkundeprüfung bei Papageien- und Sittichhaltern. 1998

SCHMIDT, Rachel. The Influence of Breeding Methods on the Behaviour of adult African Grey Parrots. Universität Bern, Inaugural Dissertation, 2004

SCHRATTER, Dagmar. Graupapageien. Ulmer (Eugen), 2001

Schuster, M.J. Der Papageienfreund. Beschreibung, Pflege, Zucht, Abrichtung etc. sämtlicher bis jetzt bekannten Papageien. 10. Auflage. Aug. Schröter's Verlag, 1883

SNYDER, Peter J. The Pet Parrot Book. Barron's Educational Series, 1998

SOL, Daniel; TIMMERMANS, Sarah; LEFEBVRE, Louis. Behavioural flexibility and invasion success in birds. McGill University, Department of Biology, 2001

SONNENSCHMIDT, Rosina. Kraulschule für zahme Vögel. Akupressur und andere Heilmethoden. Ulmer, 1997

SPIOTTA-DIMARE, Loren; SPIOTTA, Loren. Macaws and More. Selecting the Right Macaw. Timing a Macaw's Good Health (Caring for a Parrot). TFH Publication, 2000

SPADAFORI, Grina. Birds for Dummies. For Dummies, 1999

STILES, F.G. A Guide to the Birds of Costa Rica, Cornell University Press, 1990

WEDEL, Angelika. Ziervögel. Parey, 1999

WOLTER, Annette; KIMBER, Rita; KIMBER, Robert. African Grey Parrot. Purchase, Acclimation, Care, Diet, Diseases. With a Special Chapter on Understanding the African Grey Parrot. 1. Auflage. Barron's Educational Series, 2000

ANDERE TIERE

AMERICAN RESCUE DOG ASSOCIATION. Search and Rescue Dog. Training The K-9 Hero. 2. Auflage. Howell Books, 2002

BAILEY, Gwen. Der Hund aus dem Tierheim. Aussuchen, Eingewöhnen, Erziehen, Probleme verstehen und lösen. Ulmer (Eugen), 2001

BILLINGHURST, Ian. Give Your Dog a Bone.

BLANCHARD, Kenneth; JOHNSON, Spencer. The One Minute Manager. 1. Auflage. HarperCollins Business, 2000

BLOCH, Günther. Der Wolf im Hundepelz. Westkreuz-Verlag

BLOCH, Günther. Der Familienbegleithund im modernen Hausstand. 1. Auflage. Westkreuz-Verlag, 2001

BRAUN, Martina. Clickertraining für Katzen. Erziehung macht Spaß. 1. Auflage. Cadmos, 2005

BUDDENBROCK, Andrea Freiin von. Der Hund im Rettungsdienst. Ein Handbuch für Ausbildung und Einsatz,.1. Auflage. Kynos, 2003

BULANDA, Susan. Ready! Step-by-Step Guide for Training the Search and Rescue Dog. Doral Publishing, 1995

CHIFFLARD, Hans. Ausbildung von Hütehunden. 2. Auflage. Ulmer (Eugen), 2004

CLOTHIER, Suzanne. Bones Would Rain from the Sky. Deeping Our Relationships with Dogs. Warner Books, 2002

DELAMO, Celina. Der Hundeführerschein. Sachkunde-Basiswissen und Fragenkatalog. 2. Auflage. Ulmer (Eugen), Broschiert 2002

GLÖCKNER, Klaus. Der gewaltfreie Weg zum Verbellen. Books on Demand, 2001

GRÖNING, Pia. Antijagdtraining. Wie man Hunde vom Jagen abhält. 2. Auflage. MenschHund! Verlag, 2006

HANSEN, Harold. Dog trainer's guide to parenting. Rewarding good behaviour, practicing patience and other positive techniques that work. 1. Auflage. Sourcebooks, 2000

HEINRICH, Bernd. Ravens in Winter. Vintage Books USA, 1991

HEINRICH, Bernd. Mind of the Raven. Investigations and Adventures with Wolf-Birds. 1. Auflage. Ecco, 2000

KINKADE, Amelia. Straight from the Horse's Mouth. How to talk to Animals and get Answers. 1. Auflage. Crown Publishers, 2001

LASER, Birgit. Clickertraining. Das Lehrbuch für eine moderne Hundeausbildung. Cadmos, 2000

PRYOR, Karen. Lads before the Wind. Diary of a Dolphin Trainer. 1. Auflage. Sunshine Books, 2001

MORRIS, Desmond. Dogwatching. Die Körpersprache des Hundes. Heyne, 2000

MÜLLER, Manfred. Vom Welpen zum idealen Schutzhund. 6. Auflage. Oertel&Spörer, 1996

PIETRELLA, Martin; SCHÖNING, Barbara. Clickertraining für Welpen. 1. Auflage. Kosmos (Franckh-Kosmos), 2002

PIETRELLA, Martin. Clicker Training für Welpen. Kosmos (Franckh-Kosmos), 2002

PIETRELLA, Martin. Clickertraining für Hunde. 1. Auflage. Kosmos (Franckh-Kosmos), 2003

PRYOR, Karen. Don't shoot the Dog. The New Art of Teaching and Training. Bantam Double day Dell N.Y., 2001

ROHN, Christiane. Man nennt mich Hundeflüsterin. Die Geheimnisse der Verständigung mit dem Tier. 1. Auflage. ComArt, Weggis, 2004

RUGAAS, Turid. On Talking Terms with Dogs. Calming Signals. 1. Auflage. Dogwise Publishing, 2005

RUTHERFORD, Clarice. NEIL, David H. How to Raise a Puppy You Can Live With. 4. Auflage. 2005

SCHÖNING, Barbara. Clickertraining für Pferde. 1. Auflage. Kosmos (Franckh-Kosmos), 2006

TABEL, Carl. Der Jagdsgebrauchshund. Erziehen, Abrichten und Führen. 12. Auflage. BLV Verlagsgesellschaft mbH, 2003

TELLINGTON-JONES, Linda. Tellington-Training für Hunde. Franckh-Kosmos Verlag, 1999

TRUMLER, Eberhard. Hunde ernst genommen. Zum Wesen und Verständnis ihres Verhaltens. 7. Auflage. Piper, 2002

TRUMLER, Eberhard. Trumlers Ratgeber für den Hundefreund. 1000 Tips. 7. Auflage. Piper, 2003

ULLRICH, Ariane. Mensch Hund! ... warum ziehst du nur so an der Leine?!

WAGNER, Heike E. Apportieren. Freude am Bringen. 1. Auflage. Cadmos, 2002

Wer ist die AdlA Papageienhilfe gGmbH?

Die AdlA Papageienhilfe wurde als gemeinnützige GmbH gegründet, um Papageien-vögeln und deren Haltern zu helfen. Unser Ziel ist es, das Leben von Papageien in der Gefangenschaft zu verbessern. Dies geschieht durch Aufklärungsarbeit über Haltung, Gesundheit und Verhalten von Papageien vor und nach der Anschaffung durch den Halter. Dadurch soll erreicht werden, dass möglichst viele Papageien ein langes und gesundes artgerechtes Leben führen können und ihr ursprüngliches Zuhause behalten, anstatt zu Abgabevögeln zu werden. Unsere Beratung umfasst:

* Kaufberatung hinsichtlich der verschiedenen Arten, Aufzucht- bzw. Beschaffungs-formen im Rahmen des Tierschutzgedankens und Anforderungen an den Halter. Wo möglich und sinnvoll, vermitteln wir auch Abgabetiere
* die Optimierung der Haltungsparameter an sich, wie z.B. Käfiggröße, Partnertier, Er-nährung, Licht, Luftfeuchtigkeit
* Beratung bei Gesundheitsvorsorge, insbesondere Ankaufsuntersuchung, Quarantäne, jährliche Untersuchungen
* Beratung in Notfällen zur stabilisierenden Erstversorgung bis zum Tierarztbesuch
* Verhaltenstherapie und -training

Auch wenn es unser primäres Ziel ist, die Besitzer zu unterstützen, damit die Tiere in ih-rem angestammten Zuhause bleiben können, ist dies nicht immer möglich. In den Fällen, in denen der Halter seine Tiere nicht mehr behalten kann oder möchte, helfen wir bei der Vermittlung der Tiere in ein neues artgerechtes Zuhause. In Einzelfällen, wenn ein Tier aufgrund von physischen oder psychischen Problemen nicht vermittelbar ist, neh-men wir auch Tiere in unseren Schwarm auf.

Unsere Arbeit wird durch Spenden finanziert:

Spendenkonto: TaunusSparkasse Hoechst
Kontonummer: 320 382
Bankleitzahl: 512 500 00

Nikita, geboren 1996, adoptiert im Januar 2002, viel zu jung
gestorben am 22. November, 2003.

aus unserem ann's-world-Shop für Dich und Deine Vögel:

Bio-Futter
100% bio und Lebensmittelqualität für alle Papageien, vom Wellensittich bis zum Ara. In unserem Sortiment findet Ihr Einzelsaaten und Futtermischungen für die verschiedensten Papageienarten und deren spezielle Bedürfnisse. Zusätzlich gibt es Kochfutter und andere Leckereien.

Bio-Kräuterstübchen
Die Natur bietet Vieles, um die Gesundheit unserer Papageien zu erhalten und zu stärken. In unserem Biokräuterstübchen bieten wir getrocknete Kräuter, Blüten und Tees, die durch ihre Inhaltsstoffe die Ernährung ergänzen und die Körper- und Organfunktionen unterstützen.

Bastelladen
Viele von uns möchten für unsere Lieblinge selber basteln. Leider ist es oft schwierig, interessante, aber dennoch vogelgerechte und -sichere Teile zu bekommen. Unser Bastelladen bietet ein umfangreiches Sortiment an Artikeln aus den verschiedesnten Materialien wie Seegras, Kunststoff, Holz, Edelstahl, Palmblättern, Muscheln, usw.

Spielzeug
Die Papageienhalter, die keine Zeit, Lust oder Geschick zum Selberbasteln haben, finden bei uns eine Vielzahl der unterschiedlichsten Spielzeuge für unsere gefiederten Freunde. Dabei berücksichtigen wir die Größe und Spielvorlieben unserer Papageien, wie z.B. Zerstörer, Bastler, Krachmacher.

Gesundheitsecke
Unsere Gesundheitsecke bietet verschiedenste Produkte zur Gesundheitvorsorge, aber auch zur Behandlung im Krankheitsfall unser gefiederten Mitbewohner, wie z.B. Vogelwaage, Inhalationsgeräte, Vitamine, Erste-Hilfe-Buch, Gesundheitspass und Erste-Hilfe-Zubehör.

Papageienheime und -zubehör
Papageien brauchen ein schönes und sicheres Zuhause zum Glücklichsein. Wir bieten in unserem Shop ausschließlich Edelstahlkäfige an, um lebensgefährliche Zinkvergiftungen auszuschließen. Dazu gibt es jede Menge Zubehör, wie die verschiedensten Papageiensitze, Futterbehälter, UV-Lampen, usw.